为什么精英都是时间控

[日]桦泽紫苑◎著 郭勇◎译

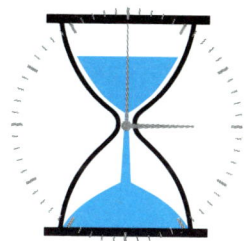

湖南文艺出版社
HUNAN LITERATURE AND ART PUBLISHING HOUSE

博集天卷
CS-BOOKY

图书在版编目（CIP）数据

为什么精英都是时间控 / （日）桦泽紫苑著；郭勇译 . — 长沙：湖南文艺出版社，2018.3（2024.7 重印）

ISBN 978-7-5404-8470-5

Ⅰ . ①为… Ⅱ . ①桦… ②郭… Ⅲ . ①时间—管理—通俗读物 Ⅳ . ① C935-49

中国版本图书馆 CIP 数据核字（2018）第 000318 号

著作权合同登记号：图字 18-2017-202

Original Japanese title: KAMI・JIKANJUTSU
Copyright © Shion Kabasawa 2017
Original Japanese edition published by Daiwa Shobo Co., Ltd.
Chinese rights arranged with DaiwaShobo Co., Ltd.
through The English Agency (Japan) Ltd. and Eric Yang Agency Inc.

上架建议：商业・成功励志

WEI SHENME JINGYING DOU SHI SHIJIAN KONG
为什么精英都是时间控

作　　者：［日］桦泽紫苑
译　　者：郭　勇
出 版 人：陈新文
责任编辑：薛　健　刘诗哲
监　　制：蔡明菲　邢越超
策划编辑：李彩萍
特约编辑：尹　晶
版权支持：闫　雪　孙宇航
营销编辑：李　群　张锦涵　姚长杰
封面设计：刘红刚
版式设计：李　洁
内文排版：百朗文化
出版发行：湖南文艺出版社
　　　　　（长沙市雨花区东二环一段 508 号　邮编：410014）
网　　址：www.hnwy.net
印　　刷：长沙鸿发印务实业有限公司
经　　销：新华书店
开　　本：875mm×1270mm　1/32
字　　数：180 千字
印　　张：8
版　　次：2018 年 3 月第 1 版
印　　次：2024 年 7 月第 11 次印刷
书　　号：ISBN 978-7-5404-8470-5
定　　价：45.00 元

若有质量问题，请致电质量监督电话：010-59096394
团购电话：010-59320018

前言

"我总想更高效地利用时间，在工作上做出一些成绩来。"

"我想多学习一些知识技能，为自己充充电，可每天都忙得不行，根本抽不出时间来学习。"

"我想多花点时间陪陪家人。"

"我也想偶尔休闲放松一下。"

…………

您是不是也经常这样想？

一天有 24 个小时，这一点对于任何人来说都是公平的。但在现实中，人与人之间却存在着巨大的差距——能力的差距、收入的差距、工作成绩的差距……

为什么会产生这么大的差距呢？

因为他们"使用时间的方法"存在差异。

使用时间的方法，决定人生的一切！

● 做别人 4 倍的工作量、享受 2 倍的娱乐时间——"神一般的时间管理术" ●

我作为一名神经科医生，现在通过网络和撰写书籍以简单易懂的形式向大众传播神经医学、心理学、脑科学的知识，以帮助大家预防心理疾患，发挥更高的脑机能，更加高效率地利用时间进行工作和学习。

经常有人问我："桦泽先生，您晚上睡觉吗？""桦泽先生，您是不是会分身术啊？"在回答这些问题之前，我先晒一下我的常规日程安排：

· 每天上午是我的写作时间，每年我要出版 3 本书。

· 每天更新网络杂志、YouTube、Facebook、博客。

· 每月 6 次去医院坐诊，为患者诊疗。

· 每月读书 20 册以上，并发表书评。

· 每月举办 2 ~ 3 次研讨会、演讲活动（内容都是我自己原创的新内容）。

这样的日程安排，我已经连续坚持了 7 年。

日本有很多职业作家都是自己提供一个提纲和思路，然后请"写手"填补内容，但我写的书籍，包括我的博客、网络杂志里的每一篇文章，一字一句都是出自我的手。

"每天发布网络杂志""每天更新 YouTube""每月读书 20 册以上并写书评"，其中任何一项要每天坚持都不是那么容易。上面那几项工作，估计一般需要 4 个人同时做才能完成吧。所以，才有朋友问我是不是会"分身术"。

每天完成如此多的工作，而且还连续坚持了 7 年，也有些朋友认为我每天肯定睡得很少。但实际上，我每天都能保证 7 个小时以上的睡眠时间。

单从工作量上来看，可能也有不少朋友和我的工作量差不多。

但是，恐怕大多数朋友做不到像我一样，每天还有很多的自由时间。

- 我每周要去体育馆锻炼 4 ~ 5 次。每周还能去电影院看两场电影。
- 每月至少有 15 个晚上参加聚餐、派对或者出席活动。
- 每年品尝 100 种以上的威士忌。
- 每年去海外旅行的时间都在 30 天以上。

我想，能像我一样拥有这么多自由时间用于自己的兴趣爱好、娱乐、旅行，充分享受人生的人恐怕不多吧。而且，前提是还得每天完成 4 个人的工作量。

我把自己的生活状态告诉朋友之后，朋友说了一句话：

"简直神了！"

于是，我把自己管理时间的方法命名为"神之时间管理术"。

一天之中，我可以完成 4 个人才能完成的工作，还拥有一般人 2 倍以上的自由时间。这种"神之时间管理术"简直不把人们常识中的物理法则放在眼里。您想不想了解这种时间管理术的秘诀呢？

●忙不完的工作地狱，出路在何处●

"每天都忙死啦""真想老天再多给我一点时间"……实际上，15 年前的我也和大多数人一样，整天为时间不够用而烦恼。

当时，作为神经科医生的我在一家综合医院工作。每天都要按时上班，而且几乎天天加班，和一般上班族的生活没什么区别。

上午，我要在门诊处接诊数十位患者。下午，为住院部患者进行巡回检查，有时还会被急诊科或内科喊去帮忙。下午 5 点，诊疗时间结束后，还有开不完的会议，写不完的诊断书或出院病历。中途如果能有一些时间，我就会阅读医学书籍、学术论文，或者自己写论文，见缝插针地为自己充电。

一天之中，在医院的时间基本上达到了 14 个小时，晚上赶末班地铁回家，到家时通常是夜里 11 点多了。

在永远忙不完的工作地狱中，我就这样一天一天挣扎地活着。忽然有一天早上，当我醒来的时候，一阵强烈的耳鸣向我袭来。一开始我没当作一回事，只以为是太疲劳了，所以没去管它。可是日复一日，耳鸣越来越厉害。一边的耳朵几乎快听不见声音了。这时我才慌了神，赶快到耳鼻喉科进行检查，结果被医生诊断为"耳蜗淋巴水肿"（一种类似突发性失聪的疾病）。我问医生："这是什么原因造成的？"医生回答："精神压力过大。"

很讽刺吧，我作为一名神经科医生，却被精神压力打垮了身体。

"如果不管它的话，你这只耳朵很可能永久性失聪哟。"医生警告我说。

对于很多来向我问诊的患者，我都会说："工作太拼命，有可能患上心理或身体上的疾病。"可是，我自己却忘了这一点。

日语中有个词叫"忙杀"。意思就是说工作太忙了，被工作赶着走，人的精神压力和身体压力过大，就容易患上身心疾病，从而被工作"杀死"。

从耳鼻喉科回来的那一天，我就决定开始改变自己的生活方式。我决心不再把工作当作自己生活的中心，要让自己活得更加自我。而且，我彻底改变了自己分配时间、使用时间的方法。换句话说，我改变了自己的"时间管理术"。

虽然每天还是有那么多工作，想抽出时间过自己想过的生活并不容易，但是，我对自己使用时间的方法下了一番功夫，结果取得了很大的成功。我每天都有时间创作文章，每月都能读 20 本甚至 30 本书，而且，到目前为止，我已经这样生活了多年。

结果，经过我不断的自我投资，我获得了去美国留学的机会，还把自己创作的文章出版成书。2015 年，我编写出版的《过目不忘的读书术》（Sunmark 出版）卖出了 15 万册，一举成为畅销书。现在，我的职业履历中又多了一个作家的头衔，工作变得更忙了，但我每天仍然有充足的时间用于写作，除此之外我还有剩余时间可以自由支配。

不在时间管理术上下功夫，人真的会被工作"忙杀"。

曾经的我也处于"忙杀"状态，但身体出了问题给我敲响了警钟。从此我下决心改变自己，狠下心来在时间的使用方法上下功夫。最终取得了成功。现在我要为大家介绍的，并不仅仅是我个人的成功经验，而是加入了最新的脑科学、心理学知识。以科学的理论为依据，把我的时间管理术体系化，形成了所谓的"神之时间管理术"。

● 如果您想要改变现在的人生，请先改变管理时间的方法 ●

"要想让我现在的人生出现大的改变，恐怕不太可能。"

"我的未来也就这样了……"

"我只能按照现在的轨道走下去了……"

…………

恐怕在现实中会这样想的人很多吧。

所以，为了忘记眼前的烦恼，很多人下班回到家后，就懒懒地窝在沙发里，随手打开电视机，看电视剧或动画片，要么打开电脑上网冲浪、玩游戏。他们心里想，至少让现在的自己开心一点嘛。于是，就把这一点点自由时间浪费在被动的娱乐方式上了。

您可曾认真审视过自己管理时间、使用时间的方法？

"时间"就是人生的"财富"。如果把时间利用好了，人就可以获得想要的一切。但是，一天只有 24 个小时，该怎样合理分配时间呢？如果处理好这个问题，您的人生就将收获最大的幸福。可以说，使用时间的方法，将决定整个人生。因为人生就是由时间组成的。

能够掌控时间管理术的人，就能掌控自己的人生，就能取得事业的成功，就能构建幸福的家庭。书店里介绍工作方法的书有成千上万种，但最重要、最核心的工作方法就是"时间管理术"。

集中注意力，提高工作效率，为自己创造出更多的自由时间。把这个时间用于自我投资，让自己不断成长，能力进一步提升，结果在收获成功的同时还能创造出更多的时间。这便是人生的良性循环。

这本书介绍的"神之时间管理术"，至于它神不神，我就不多说了，说多了有王婆卖瓜，自卖自夸的嫌疑。学习之后再把它应用到实际生活中，相信您就会有所体会，反正我身边的朋友"用了都说好"。

"神之时间管理术" 第三原则
掌握美国式的工作效率

"神之时间管理术" 第四原则
要花时间进行"自我投资"

"神之时间管理术" 的最终目标
"为了快乐"而使用时间

目　录
003　Contents

`Chapter 1`

第一章
最大限度发挥大脑机能，提高专注力的方法

"最强大脑" 之一
15·45·90 法则

"最强大脑" 之二
杂念排除法

"最强大脑" 之三
时间限制工作术

Chapter 2

第二章
充分利用早上的大好时光，因为那是大脑的黄金时间

"最好的早晨" 之一
活用大脑的黄金时间

"最好的早晨" 之二
上班后最初的 30 分钟最为重要

"最好的早晨" 之三
超级轻松起床术

"最好的早晨" 之四
早晨最高效的工作方法

Chapter 3

第三章
把白天时间利用到极致的午后重启术

"最好的白天" 之四
下午的工作方法

Chapter 4

第四章
把夜晚时间利用到极致的运动 & 睡眠重启术

"最好的晚上" 之一
运动重启术

"最好的晚上" 之二
不让压力和疲惫过夜

"最高效的工作" 之三
并行工作术

Chapter 6

第六章
把自由时间利用到极致的自我投资 & 自我更新术

"最好的自由时间" 之一
自由时间不要用于工作

"最好的自由时间" 之二
投资自己

"最好的自由时间" 之三
主动性娱乐

"最好的自由时间" 之四
改变人生的放松时间

后记

时间管理日志

序　章

获得最佳人生的
"神之时间管理术"四原则

　　我所主张的时间管理术，是将人"从忙碌中解放出来的方法"。我会把工作限定在一个相对固定的时间范围内，在规定的时间内尽量增加工作量，提高工作的质量。如果您能坚决执行我的时间管理术，您一定能从忙碌的工作中解脱出来。

"神之时间管理术"
第一原则

以"专注力"为中心
对时间分配进行思考

● 完全写不出英语论文的原因 ●

您看我现在还能写书为大家介绍时间管理术，可是您能想到吗，以前的我也曾是时间的奴隶，被时间赶着走。

大约 20 年前，我还在读研究生的时候，就在大学的附属医院工作，同时还对阿尔茨海默病进行病理性研究。当时我白天要接诊患者，下午 5 点下班后，还要去实验室做实验。实验结束后一般都已经到深夜 11 点了。然后我得急匆匆去赶末班地铁回家。一天的工作时间基本上都在 14 个小时以上，现在回想起来，那真是一段艰苦的日子。

实验结果出来后，我还要把它写成论文发表。在医学研究的世界里，一提到论文，大多是指"英语论文"。

当时我决定在实验间隙写论文，可是根本写不下去。疲倦的时候，在电脑前坐 1 个小时，最多也就能写出 5 行字。也就是说，只有两三句话。

"为什么我写不出英语论文呢？要是当初学英语的时候再用点功就好了。"我对自己的英语水平失望至极。要让我用日语写论文的话，那简直如行云流水，但换成用英语写，就完全写不出来了。可是，论文又是我不得不完成的学业任务，所以每天还得硬着头皮写下去。只是速度实在太慢，这一点让我自己都感觉很郁闷。

在大学附属医院工作只是兼职性质，因为我还在读研究生，所以薪水很低。为了养活自己，每个星期六我还要去郊区的医院值班。说到值班，只不过是应对一些急诊患者，急诊患者毕竟不多，所以那份工作还是很清闲的。

有一个星期六，当我来到值班的医院后，因为没有患者所以比较闲。这时我突然心血来潮，心想："要不我在这儿写论文吧。"于是开始继续写我那龟速前进中的英语论文。结果，不可思议的事情发生了，我竟然流畅地写了起来。

平时写论文，我的脑子里就像灌了铅似的，根本想不出下一句要怎么写，但那一天我竟然觉得用英语写论文很有意思，好的想法一个接一个浮现在我的脑海中。

写作速度竟然是平时的两三倍，1个小时我就写了10行左右。

"今天状态真好，超级好！"从早上9点开始的2个小时里，我一共写了20多行。

今天为什么状态这么好呢？竟然一口气写了这么多出来？当我琢磨这个问题的时候，突然发现了事情的真相。平时我写论文，都在晚上9点以后。白天接诊患者，下班后还要做实验，到了晚上，身体和头脑已经疲惫不堪了。

　　但是，那一天我是在上午写的论文，身体和头脑还没有经过高强度工作的洗礼，体力、脑力都处于最佳状态。

　　我终于意识到"写文章，必须要在身体和头脑还没有疲惫，注意力最为集中的上午进行"。

　　从那以后，我就绝不在晚上写英语论文了，改在星期六值班日的上午来写，结果写作速度突飞猛进。不仅速度加快了，而且内容质量也提高很多。

　　最后，我的第一篇英语论文就被病理学界非常权威的一流杂志——《美国病理学杂志》发表了。凭借那篇论文，我也顺利地拿到了硕士学位。

● 灵活运用大脑的黄金时间，将效率提高 4 倍 ●

　　我把英语论文放在晚上写，简直就像男人生孩子一样困难，但换作上午来写，我会感觉写英语论文非常有意思，而且进展神速。其中的原因其实很简单，因为上午的时间是"大脑的黄金时间"。

　　我们人类的大脑，在早上起床后的两三个小时里最清醒，也不会感到疲惫，而且经过一晚上的休息，处于一种非常有条理的状态。所以，从早晨到上午的这段时间，是一天中头脑机能最好的时间段。这段时间被称为大脑的黄金时间，特别适合做理论性强的工作，比如创作理论性文章、学习外语以及需要高度专注的工作。

在那之前我都没有意识到这个问题。以前，我在头脑机能最低的时间段强迫自己写英语论文，对我来说，是在浪费时间，而且浪费了大量的时间。真是太不划算了。

现如今，关于大脑黄金时间的理论在脑科学的书中已经随处可见。但是在我写论文的 1998 年前后，这个理论还没有被普遍推广。

实际上，2000 年之后，脑科学的研究飞速发展，并取得了很多重要的成果。

科学家用真实数据揭开了很多人类头脑的未解之谜。

根据脑科学的理论，在头脑机能最高的时间段，做最适合的工作，可以将工作效率提高到原来的两倍，甚至更高。

肯定有朋友会想，让我把现在的工作效率提高两倍？绝对做不到！那请您想想我写英语论文的例子。在速度上，上午写是晚上写的两倍，而论文质量也是成倍提高。速度乘以质量的话，可以说整体效率是原来的 4 倍！

虽说一天有 24 个小时，但时间的价值并不是均等的。

早上 1 个小时的价值，是晚上 1 个小时的 4 倍。但是，很少有人注意到这一点。为什么这么说？因为很多日本人在大脑的黄金时间一般都在拥挤的地铁、公交车或电车里往公司赶，到了公司之后，也会先打开电脑，做查收邮件这种不需要太多专注力的工作。把大脑的黄金时间有效利用起来的人很少。

● 时间的"拼图"理论 ●

我们每天所做的日常工作，大体上可以分为两种：一种是需要高度专注力的工作；另一种则不需要太强的专注力。

我把这两种工作分别称为"专注性工作"和"非专注性工作"。您把什么样的时间段用来做专注性工作，会决定您一定的工作量和完成质量。

"专注性工作"，比如创作文章、制作策划书等文件、阅读英语资料、写英语论文、制作预决算书等；"非专注性工作"，比如查看电子邮件、打电话、复印文件、开会、接待客户等。

上午时间，人的头脑清醒，还没有疲惫感，专注力、记忆力都很好，可以高速度、高质量地完成那些脑负荷比较大的"专注性工作"。但是到了下午，身体和头脑都有些疲惫了，这时再做"专注性工作"就会显得力不从心。如果勉强自己在下午做"专注性工作"，就会多花几倍的时间，而且工作质量还不高。

而"非专注性工作"什么时间都可以做。比如查看邮件，上午可以做，中午休息的时候可以做，一边吃饭一边做也行，甚至在上下班的地铁里也可以做。即使身心已经疲惫，查看邮件也不会觉得有多麻烦，基本上不会给大脑造成什么负担。如果在上午大脑最敏锐、最清醒的时候查看邮件，就太不值得了，简直是浪费大好时光。

但是，上班后的最初 30 分钟，用于查看邮件的上班族大有人在。

在我看来，"上午的时间价值是晚上的时间价值的 4 倍"，所以，早上花 30 分钟查看邮件，就相当于"损失了 2 个小时的时间"。

但邮件总是要查看的，以免漏掉重要信息。拿我来说，查看邮件的工作会安排在主要工作进行了一段时间稍感疲惫的时候进行，我把查看邮件当作一种放松，是转换心情的好方法。查看邮件可以说是"非专注性工作"的一个典型代表，在疲惫的时候也可以完成。

上午的时间价值是晚上的4倍

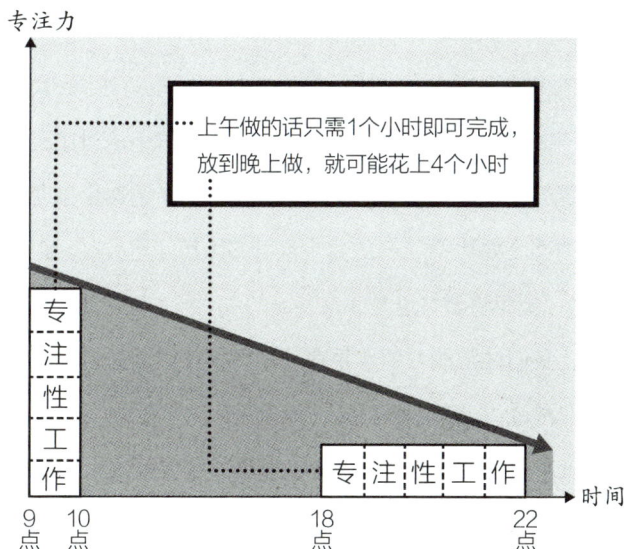

专注力

上午做的话只需1个小时即可完成，放到晚上做，就可能花上4个小时

专 注 性 工 作

专 注 性 工 作

时间

9点　10点　　　　18点　　　22点

大家可以想象一下拼图游戏。在拼图的时候，我们应该按照图块的大小进行拼接。但大部分人都会先把小图块摆放在较大的空间中。余出来的空间，就好比工作中时间的浪费。最后，剩下的都是较大的图块，可图中已经没有合适的位置摆放它们了。在工作中也一样，很多人为了处理这些大块的工作，强行把它们在当天做完，就不得不使出一项"绝技"——加班。

"专注性工作"就在大脑专注度高的时间段里完成。"非专注性工作"应该放在大脑专注力下降的时间段里做。如果是这样合理地分配时间，就可以把工作效率提高为原来的 2 倍，甚至 4 倍！

● 不必勉强自己提高专注力 ●

在高尔夫球比赛中，选手已经把球打到了距离球洞 30 厘米的地方。如果一杆将球打进洞中的话，就可以战胜对手赢得比赛。职业高尔夫球比赛的奖金非常高，而且第一名和第二名的奖金相差悬殊，往往第一名的奖金要比第二名的奖金高 2000 万日元左右。距离球洞只有 30 厘米，要想将球打进是非常容易的。

但是，我们经常能看到选手在这最后关头出现失误，眼睁睁地看着球从洞口滑过，没有进洞。

"30 厘米远，太简单了！"是因为放松警惕而失败吗？还是因为压力太大而失手？毕竟这一杆决定着 2000 万日元的归属。连续 4 天的比赛，神经一直处于紧绷状态的选手，确实很有可能被这最后一根稻草压垮。

另外，1993 年，在卡塔尔的多哈，日本足球队迎来了能否进军世界杯决赛圈的关键性一战。这场球只要赢了，日本队就可以顺利出线了。到了比赛的最后，日本队以一球领先进入了伤停补时阶段，只要再坚持几分钟，日本队就可以出线了。结果，就在这最后时刻，被对手攻进一球，扳成平局。日本队就此无缘世界杯。相信很多球迷都不会忘记那个伤心的时刻——"多哈悲剧"。

在竞技体育的世界里，因为精神压力过大而出现失误，最后反胜为败的事例不胜枚举。

职业运动员一般都要进行心理素质训练，以便让自己在比赛中的任何时候都能保持高度的专注力。**与我们这些"普通人"相比，职业运动员的专注力绝对要高出好几个层次。但尽管如此，他们也不可能完美地控制自己的专注力，在比赛中也会出现失误。**

我们"普通人"基本上都没有经过心理素质训练，所以要让我们控制自己的专注力就更加困难了。如果您能自由、完美地控制自己的专注力，那您肯定已经在体育或学业上取得了相当大的成就。

去书店逛一圈，您会发现教您提高专注力的书籍有很多。如果跟着书上的理论进行实践，确实可以在一定程度上提高自己的专注力。但要想做到"自由控制自己的专注力"那基本上是不可能实现的。

下班之后，当您拖着疲惫的身体回到家中，如果非要强迫自己打起精神来学习，给自己充电，那恐怕也很难学进去。因为"提高专注力"也是有极限的。

不过，我有更简单的方法可以对我们的"专注力"加以灵活运用。这种方法任何人都可以做到，而且从明天开始就可以实施。

其实就是"在专注力高的时间段，做需要高度专注力的工作"。换句话说，就是在什么样的时间段，给自己安排什么样的工作。我这么一说，您就明白了吧，您也能做到吧。

所谓"专注力高的时间段"，比如"早上起床后的 2～3 小时""休息之后""下班前的一段时间""工作截止日的前一天"等。只要把"需要高度专注力的工作"放在这种"专注力自然很高的时间段"里做就好了。

什么样的时间段就做什么样的工作。只要根据时间段的特点合理安排工作，做好计划，工作效率就能翻倍，甚至更高。

"专注性工作"和"非专注性工作"就像拼图游戏中的图块，只要把它们分别镶嵌到合适的时间段中，工作便可高效率、高质量地完成，还能为我们节省出很多时间用于自己的兴趣爱好或学习、娱乐。这就是时间的拼图理论。

将专注力高的时间段最合理利用的方法将在第一章《最大限度发挥大脑机能，提高专注力的方法》和第二章《充分利用早上的大好时光，因为那是大脑的黄金时间》中进行详细介绍。

"神之时间管理术"第一原则总结

- 工作大体上可以分为两种:"专注性工作"和"非专注性工作"。

- "专注性工作"应该放在上午做。

- 上午的时间价值是晚上的时间价值的4倍。

- 不必勉强自己提高专注力。

← 关于"最强大脑"请参见
第一章

← 关于"最好的早晨"请参见
第二章

"神之时间管理术" 第二原则

"重启" 专注力，创造出时间

● 从一维时间管理术向二维时间管理术过渡 ●

一说到时间，我们都容易把它看作"一维"的。也就是说，时间像"直线"一样，向一个方向不停地流。

现在很多时间管理术的思想也是基于"一维"时间的观点。比如，"在乘坐地铁上班的 1 个小时里，不要再玩手机游戏了，改成看书！""每天查看邮件的次数应该由 5 次减为 3 次，省出来的时间可以做其他工作"。像这样减少"时间的浪费"，或者把"无意义的时间"变成"有意义的时间"，就是把时间看作"一维"的东西而创造出来的时间管理术。我将其称为"一维时间管理术"。

节约 30 分钟，就可以把这 30 分钟用于做其他工作。其实，一维时间管理术的基本思想就是"时间置换"。

但是，这种时间管理术无法突破一天只有 24 个小时的壁垒。

而我发明的这种时间管理术是"二维"的，如下图所示，横轴是"时间"，纵轴是"专注力"。也就是说，在我看来时间的流动并不是"线"，而是"面"。所以我将这种时间管理术称为"二维时间管理术"。

在第一原则中已经讲过，在专注力高的时间段里，工作效率是专注力低的时间段的 2 ~ 4 倍。在专注力高的时间段里做需要高度专注力的工作，工作量的"面积"就会很大。

二维时间管理术（专注力×时间）

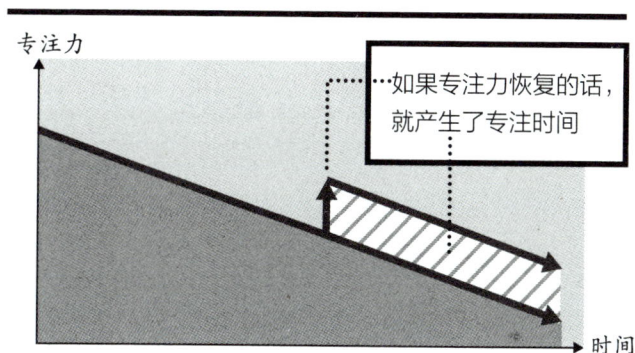

"专注力 × 时间"，图中斜线下方部分的面积，就相当于"专注时间"。

在这里，"专注力"就等同于"工作效率"。

因此，我们可以列一个等式：专注力（工作效率）× 时间 = 工作量。

如果我们能够想办法提高自己的专注力，就可以提高工作效率，在相同时间内就可以轻松将工作量提高 2 倍或 3 倍。这正是"二维时间管理术"的厉害之处。

从物理学的角度来考虑，时间是以"一维"的方式流动的。但在我发明的时间管理术中，把时间看作"二维"的东西。只要您头脑中能把时间想象成"二维"的东西，就可以创造出很多提高工作效率的时间管理术。

● 把握好工作的节奏，在疲劳之前休息 ●

在第一原则中我曾提到一点：提高专注力是一件很难的事情。但实际上，我有提高专注力的简单方法。如果把专注力从 100 提高到 120 确实很难，但要想把因疲劳下降的专注力从 70 提升到 90，还是可以轻松办到的。为什么这么说？因为只要在适当的时机加入休息、放松的时间，就可以让专注力得到恢复。

工作一段时间，休息一会儿，再工作一段时间，再放松一下。把握好工作的节奏，在感到疲劳之前适当休息，是非常重要的原则。

日本人在工作中都擅长"拼命努力"，但自主地"休息"就不那么在行了。很多人都认为应该"一整天坐在办公桌前埋头苦干"，但结果怎么样呢？越是努力，工作效率就越低，还会造成疲劳不断累积，最终不但干不好工作，还会把自己累垮。

在感到疲劳之前及时休息，就可以提高专注力，从而使"专注力 × 时间"所获得的"专注时间"面积不断扩大。结果可想而知，工作效率提高了，节省了时间，不但在短时间内完成了工作，而且还有自由时间做自己想做的事情。

● 提高专注力的特效药是"睡眠" ●

前面我讲过，不要再勉强自己提高专注力。但上一小节我也解释过，要把专注力从 100 提升到 120 比较困难，但如果您的专注力再平均一下，比如只有 50，那么要想提升到 70，并不困难。

其实最简单的方法就是"睡觉"。

工作很忙的人，常常要加班到很晚，所以睡眠时间不得不相应缩短。

通过缩短睡眠时间工作和学习，看似很努力，但我并不推荐这样做。因为这样一来，工作、学习的效率都不高，还会危害健康，甚至危及生命。

科学数据表明，睡眠时间不充足的人患上癌症的风险是一般人的 6 倍，患上脑出血的风险是一般人的 4 倍，患上心肌梗死的风险是一般人的 3 倍，患上高血压的风险是一般人的 2 倍，患上糖尿病的风险是一般人的 3 倍。

一项针对日本男性的调查显示，平时睡眠时间不足 6 个小时的人，与每天睡 7 ~ 8 个小时的人相比，死亡率要高出 2.4 倍。

由此可见，**缩短睡眠时间，无异于缩短寿命**。

退一万步来说，如果缩短睡眠时间，能够高效率、高质量地工作，我也不多说什么。但现实是，晚上熬夜之后，第二天人的专注力会急剧下降，专注时间大幅减少。对第二天的工作会产生极大的坏影响，这不是得不偿失吗？

还有一项研究对人们的睡眠时间与脑机能的关系进行了观察。研究人员以每天睡眠 8 个小时为基准，分别对比了每天睡 8 个小时、6 个小时和 4 个小时的人的脑机能。结果发现，连续 14 天每天只睡 6 个小时或 4 个小时的人，脑机能逐日下降。即使每天睡 6 个小时，人的认知能力也会下降。

还有研究表明，为了维持白天头脑清醒的状态，人每天需要 7 ~ 9

睡眠不足与专注时间的丧失

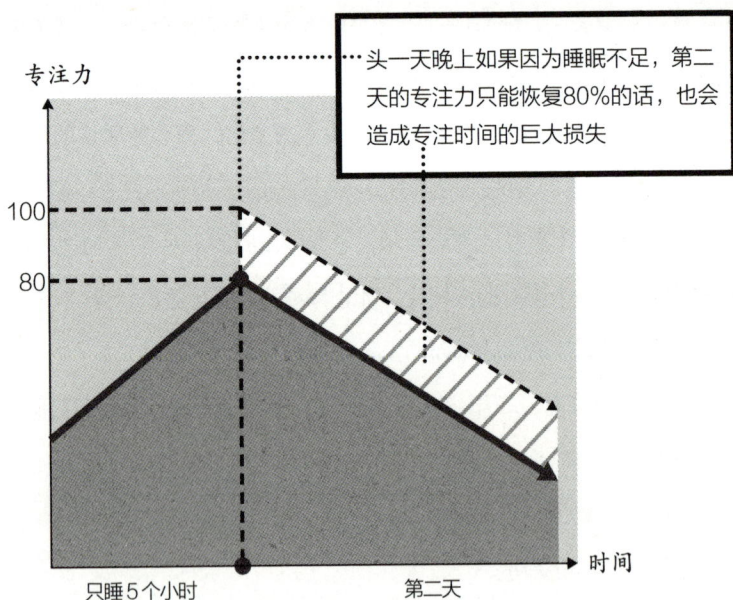

专注力

头一天晚上如果因为睡眠不足，第二天的专注力只能恢复80%的话，也会造成专注时间的巨大损失

100

80

时间

只睡5个小时　　　　　　　第二天

个小时的高质量睡眠。

如果人缩短睡眠时间的话，特别是睡不够 6 个小时的时候，第二天的专注力就会显著降低。

第二天的专注力下降对工作会有什么影响？根据我的二维时间管理术，"专注力 × 时间"的纵轴缩短后，所得到的面积——"工作量"就会急剧减少。

假设我们缩短 1 个小时的睡眠用于工作，虽然工作时间增加了 1 个小时，但第二天的专注力会下降 20%。那么，第二天我们不得不多工作 20% 的时间，才能填补这个缺口。如果一天的标准工作时间是 8 个小时的话，那么 20% 就是 1.6 个小时。可见，前一天虽然多工作了 1 个小时，但第二天要再多干 1.6 个小时才能弥补因专注力不够而造成的损失。是不是不划算？

我所提倡的"神之时间管理术"，有一个基本精神就是避免降低专注力的生活习惯，坚持健康的生活习惯，将专注力维持在最佳状态。

所谓降低专注力的生活习惯，排在第一位的就是"睡眠不足"。

反过来，原本睡眠不足的人，如果让他每天睡到 7 个小时以上，他的专注力将会大幅度提升，工作效率也可以随之提高。

● 完全重启专注力的秘诀是什么 ●

我说过，像创作文章这种需要高度专注力的工作，我一般都会安排在上午做。但实际上，我还有些秘诀，可以让自己在下午或晚上也能高度集中注意力，完成那些脑负荷很高的工作。

我的秘诀就是"运动"。

我一直保持着运动的好习惯，每周要运动四五次。每次 60 分钟至 90 分钟不等，主要是有氧运动，运动后我感觉不管是身体还是头脑，就像电脑重启一样，又充满了活力。打个比方，运动后我的状态就和早晨刚起床后差不多，神清气爽，无比轻松。

每次从体育馆出来之后，我会径直前往清静的咖啡馆，打开笔记本电脑开始写作。那时的我，就和早上处于大脑黄金时间中时状态一样，写文章的时候下笔如有神。

有氧运动对头脑非常好。**在进行有氧运动的时候，头脑会分泌一种名叫 BDNF（brain derived neurotrophic factor，脑源性神经营养因子）的物质，BDNF 对脑神经的成长发育和正常运转起着至关重要的作用。此外，头脑还会分泌一种叫作多巴胺的神经递质，多巴胺能够提高人的兴致，使人产生幸福感。** 结果，适度运动之后，不仅能提高人的专注力，就连记忆力、思考能力、工作执行能力等多种脑机能都会得到提高。

每天保证充足的睡眠，再进行适度的有氧运动，说实话，这些生活习惯上的小小改变并不困难。但仅仅是这样小小的改变，就能提高或恢复我们的专注力。结果我们就能创造出"专注时间"，也就相当于创造出了额外的新时间。

关于创造时间的"专注力重启术"将在第三章《把白天时间利用到极致的午后重启术》和第四章《把夜晚时间利用到极致的运动＆睡眠重启术》中进行详细讲解。

"神之时间管理术"第二原则总结

- 用"专注力×时间"的二维思维方式来看待一天的时间。
- 在适当的时间进行休息。
- 用"有氧运动"将疲惫的头脑重启。
- 不管发生什么，都不要压缩"睡眠时间"。

← 关于"最好的白天"请参见第三章

← 关于"最好的晚上"请参见第四章

"神之时间管理术" 第三原则 | 掌握美国式的工作效率

● 将工作效率提高 2 倍 ●

在这本书中，我多次提到了"提高工作效率"这句话。但我所说的提高工作效率，并不是单纯指做好工作计划、安排好时间，而是强调有意识地集中注意力提高工作效率。如果能做到这一点的话，就可以增加单位时间内的工作量。换句话说，就是创造出"专注时间"。

以前需要 1 个小时完成的工作，现在挑战一下自己，看能否在 50 分钟内完成，或者进一步缩短到 45 分钟。基于这种想法反复下功夫，就是我所提倡也是我长期实践的"神之时间管理术"。

简单来说，就是提高工作效率，缩短工作时间，高速度、高质量地把工作做完。

要想提高工作效率，有意识地提高自己的专注力是基础。同时还要结合"工作方法的创新""删减不必要的工作"等一般的工作技巧。

前面我也多次提到过"将专注力提升 2 倍，工作效率也能随之提升 2 倍"的观点。但很多朋友看了之后，心中难免有些畏难情绪，心想："提高 2 倍工作效率？对我来说简直是天方夜谭！"但实际上，我并不是空口说白话，而是绝对可以实现的。

有一个衡量劳动者生产效率的指标叫作"劳动生产率"，是一个劳动者通过劳动创造出来的附加值与相应的劳动消耗的比值。通过这个数值可以直观地比较出劳动者生产效率的高低。简单来说，这个数值也是衡量"工作效率"的一个指标。

大家都说日本人勤劳、优秀，您觉得日本人的劳动生产率在世界各国中能排第几位呢?

根据 2016 年的统计数据，日本人的劳动生产率在 OECD（经济合作发展组织，简称经合组织）的 34 个加盟国中，仅排名第 22 位。而在世界主要的 7 个发达国家中，日本则排在倒数第一位。而且，这个倒数第一，日本从 1994 年起已经连续占据了 22 个年头。也就是说，**在发达国家中，日本人的劳动生产率最低!**

日本人的劳动生产率只有 42.1，而美国人的这个数值则达到了 68.3。美国人的劳动生产率是日本人的 1.6 倍。

当然，劳动生产率除了与个人的劳动生产能力有关，还和企业与组织的生产能力、创新性等有关，所以不可一概而论。但不管怎么说，在日本，个人和组织的生产能力都很低。说得难听一点，日本人必须付出美国人 1.6 倍的劳动，才能创造出同样的价值。

说"日本人优秀"，完全是没有根据的幻想。从全世界范围来看，日本人的工作效率实在是太低了。

日本的 GNP（国民生产总值）排名世界第三，这是一个很了不起的成就。可是从另外一个方面来看，**日本人工作效率如此低下，还能创造那么高的 GNP，只能靠延长工作时间来实现。**美国人下午 5 点就下班了，可日本人必须还得加班两三个小时。把加班当家常便饭的日本人的生活方式，从劳动生产率的统计结果也能看出来。

日本人的劳动生产率在世界各国中的排名，如果换一个角度来看的话，说明日本人还有很大的提升空间。我为什么这么说呢？

您可以试想一下，**假如日本人获得了和美国人相当的劳动生产率，那么工作效率就能提升 1.6 倍，那是不是国家的 GNP 也能提升1.6 倍呢**？那样的话，日本就厉害了。

如果按照我的"神之时间管理术"去实践，那日本人的工作效率不仅能提升 1.6 倍，至少能提升 2 倍，甚至更多。

● 提高工作效率，拯救日本人 ●

虽然日本人的劳动生产率不高，但有一个指标却在世界范围内排名靠前，那就是自杀率。日本的自杀率排名世界第九。我认为日本人的劳动生产率低下和自杀率高，它们之间存在内在的联系。因为劳动生产率低，为了创造出较高的价值，日本人必须延长劳动时间。于是，便形成了过于严苛的劳动环境。

如今，世界自杀率排名第二的国家是韩国，而韩国人的劳动生产率比日本人的 42.1 还低，只有 31.9，大约比日本人低 25%。而自杀率同样较高的俄罗斯和匈牙利，其国民的劳动生产率也比日本低。

提高劳动生产率，会有很多好处，首先可以改善日本劳动者的劳动环境，还可以降低日本人的自杀率。我作为一名神经科医生，对此十分关注，所以也常年致力于提高国民劳动生产率和提高工作效率的研究。

为什么美国人的劳动生产率会那么高呢？我曾在美国留学 3 年，在那段时间里，仔细观察了美国人的工作状态，想弄清楚他们是如何保持较高工作效率的。结果我还真发现了美国人保持较高劳动生产率的秘密。

在这本书里，有很多内容都来自我在美国受到的启发。我希望日本人也能学习一下美国人高效率工作的方法。那样的话，日本人的工作效率也能提高 1.6 倍，甚至更高也不是不可能。

关于美国人的高效工作术，我将在第五章《把工作时间利用到极致的创造时间工作术》中为大家详细介绍。

"神之时间管理术"第三原则总结

■ 除了提高专注力，其他工作技巧也需同时实施。

■ 在提高工作效率上下功夫。

■ 日本人的劳动生产率还有很大的提升空间。

■ 提高工作效率之后，人就可以从长时间劳动中解放出来。

← 关于"最高效的工作术"请参见第五章

"神之时间管理术" 第四原则

要花时间进行"自我投资"

● 让自己更忙碌的时间管理术可以废止了 ●

关于"时间管理术"的书籍，已经出版了很多，可能您以前也读过几本。按照书上的方法做，估计您每天也能创造出一两个小时的"自由时间"。但更为重要的是，这"自由时间"该用来做点什么？

我想，**很多人把自己通过学习时间管理术创造出来的"自由时间"又用于工作了，但这却是最差劲的时间管理方法。**

通过时间管理术创造出来的"自由时间"又用于工作，然后在工作中再利用时间管理术创造"自由时间"，继续增加工作时间……这样不停地重复，人一天的时间就不用做其他事情了，全都用来工作了。这样一来，人哪还有时间"喘气"？就像小白鼠一样，一辈子都在忙碌着寻找食物。想一想这样的生活，也令人感到压抑。

我所主张的时间管理术，是将人"**从忙碌中解放出来的方法**"。我会把工作限定在一个相对固定的时间范围内，在规定的时间内尽量增加工作量，提高工作的质量。如果您能坚决执行我的时间管理术，您一定能从忙碌的工作中解脱出来。

那么，利用时间管理术节省出来的"自由时间"，该用来做点什么呢？这个问题也是时间管理术的关键所在。但书店里很多关于时间管理术的书籍，都没有给出答案。

我认为，节省出来的"自由时间"应该用来进行"自我投资""主动性娱乐"和"享受人生"。

● 玩游戏的人，读书的人 ●

您对现在自己的人生感到满足吗？

像今天这样的日子，明天一模一样地过一遍，后天也是，10 年后也是，30 年后还是一样……

恐怕大部分人都不愿这样过完自己的一生。

您读我的这本书，大概就是想改变现在的自己，让自己不断成长，以便获得更加美好的未来。

我每次乘坐地铁的时候，都会看到车厢里有很多人要么在玩手机游戏，要么就用手机的即时通信软件和朋友聊天。坐地铁的这段时间放下手机，读读书不好吗？

乘坐地铁的时候，玩游戏好，还是读书好？让我们来算一笔账。

在日本东京都内工作的人，一般住在郊外，每天要乘地铁或电车上下班。这些上班族的平均通勤时间为单程 1 个小时。也就是说，一天一个来回，在路上的时间就是 2 个小时，3 天就是 6 个小时。如果把这些时间全部用来读书的话，那6个小时，也就是3天，就可以读完一本书。

一年可以读72本书，10年就是720本！

在同一家公司工作的两个人，做着同样的工作，一个人在路上玩游戏，而另一个人在读书。10年之后，他们两人的状态能一样吗？肯定不一样，通过读书获得"自我成长"的人，10年后一定更强大，在

自我投资与成长的无限上升螺旋循环

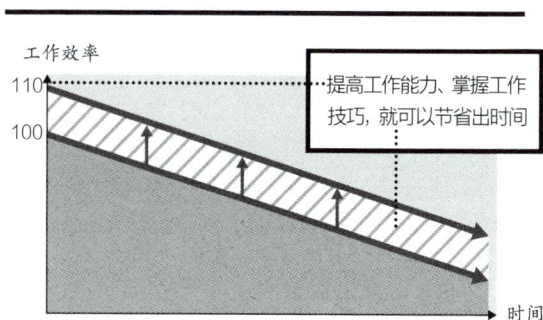

工作效率

110
100

提高工作能力、掌握工作技巧，就可以节省出时间

时间

如果您能把我教的方法应用于实践的话……

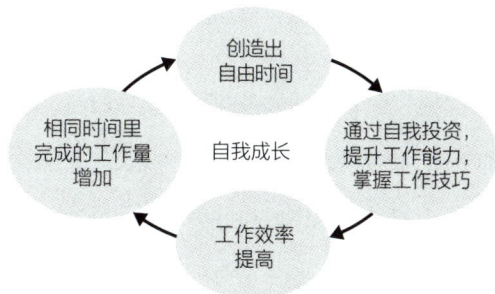

创造出自由时间

通过自我投资，提升工作能力，掌握工作技巧

工作效率提高

相同时间里完成的工作量增加

自我成长

工作上收获的成绩也更多，整个人生都会变得不同。

　　"娱乐"可以分为两种：一种是"被动性娱乐"；另一种是"主动性娱乐"。虽然两种娱乐都能给我们带来快乐，但带给人的成长却大不一样。"被动性娱乐"的典型代表有看电视、玩游戏，我觉得这些娱乐只不过是消磨时间，除了让人放松一下，没什么好处。而读书、运动、演奏乐器、棋类游戏（象棋、围棋等）都是可以促进自我成长的"主动性娱乐"。

　　因为"主动性娱乐"可以让我们成长，所以它也不失为一种"自我投资"。只要开动脑筋想办法，我们就可以在"玩耍"和"娱乐"中实现自我成长。这也是我在本书中要介绍的"自我投资术"。

● 通过"自我投资"获得无限的成长 ●

　　通过学习时间管理术创造出来的自由时间，我建议您不要再用于工作，而应该用来做"自我投资"。通过学习、主动性娱乐，来提高自己的能力，为自己日后的工作打下基础。

　　通过自我投资，工作能力和技巧得到提升后，同样的工作就可以在更短的时间内完成。这样不就等于创造出自由时间了吗？而这个自由时间应该再用于自我投资，让自己进一步成长。像这样，通过自我投资获得自我成长，创造出自由时间再用于自我投资……就进入了一个无限上升螺旋循环。

今天用 1 个小时进行自我投资，就可以获得相应的自我成长。长期坚持这样的自我投资，自己的工作效率可以提升 10% ~ 20%，时间一长，就给自己节省出了成百上千个小时的自由时间。由此可见，没有比自我投资效率更高的时间使用方法了。

关于自我投资的思想和方法，将在第六章《把自由时间利用到极致的自我投资 & 自我更新术》中详细讲解。

"神之时间管理术"第四原则总结

　■ 自由时间不要再投入工作了。

　■ 娱乐可以分为"被动性娱乐"和"主动性娱乐"
　　两种。

　■ 自由时间要用于提高自己的工作能力和技巧。

　■ 自我投资可以帮我们实现"自我成长的上升
　　循环"。

　　　　　　◀　关于"最好的自由时间"请参见
　　　　　　　　第六章

"神之时间管理术" 的最终目标

"为了快乐" 而使用时间

● 美国人下午 5 点下班后都做些什么 ●

从 2004 年到 2007 年的 3 年时间里，我在美国芝加哥的伊利诺伊大学留学，学习神经医学。

在去美国之前，我早就听说"美国人下午 5 点就下班了"。当时我就很怀疑，美国人真的下午 5 点下班？即使公司规定 5 点下班，他们多少也应该加加班吧。

在去美国之前，我就相信美国人工作效率高的秘密就隐藏在他们的"工作模式"中，但对美国人下午 5 点就下班的传闻，还是不太敢相信。于是，当来到美国留学的时候，我就留心观察了美国人的工作方式和工作状态。

实际情况到底是怎样的呢？

美国人果然下午 5 点就下班了。

我工作的美国大学研究所中，下午一到 5 点钟，大家就开始忙碌起来。不是忙工作，而是忙着收拾东西准备回家。然后就陆续离开了研究所，走得比较晚的一般也不会超过 6 点。到了 7 点钟，还留在研

究所加班的人，只有我和另外一个人。而到了 8 点钟，研究所就空无
一人了，安静得有点可怕。

当然，在美国也有各种各样不同类型的工作，所以下班时间不能
一概而论。就拿我工作的研究所来说，反正下午一到 5 点钟，大家就
开始收拾东西纷纷离开，最迟到 6 点，就基本上都回家了。

亲身体验之后，我心中的疑惑终于解开了，"原来美国人真的下
午 5 点就下班了"。

我们研究所有一位助手兼秘书芭芭拉女士，有一天我问她：

"你每天下午 5 点钟下班，回家之后都做些什么呢？"

芭芭拉女士不假思索地回答道：

"这还用说吗？当然是和家人一起吃晚饭喽。"

她回答的内容，对于美国人来说应该是一个"常识"，但却给我
带来了极大的冲击，我好像当头挨了一棒。

下午 5 点之前，是工作时间。5 点以后，应该是和家人共度的美
好时光。所以，晚饭一定要和家人聚在一起享用。为了和家人共享晚
餐，就要在工作时间里拼命工作，好在 5 点之前把工作完成。

这就是美国人习以为常的工作模式。

美国人很珍视与家人在一起的时光，这在全世界都是出了名的。
其实，这一点从他们对时间的分配上也能看出来。

晚上出席派对的时候，恋人或夫妻双方必须一同到场，这是美国
人的一个规矩。在美国的电影和电视剧中，我们经常能看到夫妻携手

参加派对的情景。这也反映了美国人"下午 5 点之后应该和家人一起度过"的理念。

● 歌颂自由人生的美国人 ●

我在美国的 3 年留学生活，让我真切地感受到"美国人都在歌颂他们的人生"。他们都是自己人生的主人，都能活出自己的个性，享受人生。

从早上 9 点到下午 5 点，这段时间是固定的工作时间。他们为自己设置的时间限制是下午 5 点，最迟到 6 点，就必须下班回家。为此，他们会在白天高效率地工作，以便在下班前完成应该做的工作。

下班后便和家人一起享受人生、共进晚餐、看看电影、听听音乐会，夏天还可以出去野餐、露营。"美国人享受人生的本事"令我震惊不已。

而在地球的另一端，日本人都在干些什么呢？加班是家常便饭，甚至已经是理所当然的事情了。"下午 5 点准时下班的人"才是怪人。工作日的晚上，下班后也常要参加与工作有关的同事聚餐，或者招待客户，陪客户喝酒、唱歌。周末有时也不能正常休息，还可能要陪客户打高尔夫球……总之，一周之中，能和家人一起坐在餐桌旁吃饭的机会真是少之又少。有些上班族甚至连续几天见不到家人，早上出门时家人还没起床，晚上回来时家人已经入睡了。这样的生活，何谈"自由时间"？别说用自由时间来做自我投资了，就连娱乐、放松的机会都很难得。

结束了在美国 3 年的留学生活，回到日本后我开始思考自己的未来。我学的专业是神经医学，又有美国留学的经历，一般来说应该应聘到一家医院老老实实地做我的神经科医生。但是，在日本，医生的工作非常辛苦，每天要工作到晚上，半夜还会出急诊。就连周末也休息不好，遇到紧急情况还是要去医院。在我了解了美国人的生活和工作方式后，感受了美国人"对自由生活的歌颂"，我是绝不可能去当一个全职医生了。

我面临的选择，就像电影《黑客帝国》中的一个情节，红色药丸和蓝色药丸，选哪个？

"快乐地做自己！原来世间真有这样的生活方式。"当我在美国体验到"真正的生活"之后，要让我回到日本人普遍过着的那种"不真实的生活"，我是绝对不愿意的。

要想过真正的生活，就只有选"蓝色药丸"了。

● "人生最大的发现"与"人生最大的决断" ●

"美国人都在歌颂他们自由的人生"，可以说这是我人生中最大的一个发现。当我在美国发现这一点的一瞬间，我头脑中日本式的思维回路就被完全颠覆了。

我为什么要过"比谁更能忍受"的人生呢？能有更多的自由时间，做自己想做的事情，不是更好吗？从那时起，我下定决心，要活出真正的自我！

于是我开始思考："我真正想做的事情是什么呢？"虽然我读大学和研究生的时候学的都是神经医学专业，但我喜欢读书，也喜欢写文章。那个时候，我已经编写出版了3本书，想在这条路上再走得更远一点。于是，我下定决心要当一名"作家"。

"回到日本之后，我不做医生了，要当作家！"

所谓"不做医生"，是指不当那种从早忙到晚的专职医生。现在，每周我还会去诊所坐诊几次。在我的履历里，一直有"神经科医生"这个头衔。而且，即使当作家，我也只能写一些与我所学专业相关的书籍，主要想为读者朋友"传递一些预防疾病，让身心更加健康的科学知识"。并在此基础上，分享一些从神经医学、脑科学的角度研究得到的科学学习、工作方法。

从美国回来，已经有10年时间了，到目前为止，我已经累计编写出版了25本书。其中，《过目不忘的读书术》已经累计销售了15万册，跻身畅销书的行列。现在在我的生活中，每天都会安排3~4个小时用于创作文章。我觉得自己的生活"真的很开心，真的活出了自我"。我现在终于也能像美国人一样"歌颂自己的自由生活"了。

日本人对于"享受人生"这个理念，竟然持有某种奇妙的罪恶感。

但是，享受人生并不是坏事，更谈不上罪恶。人生不是只有"工作"，"忍耐""牺牲""奉献"也不是人生的全部。

● 生活和工作，可以兼得 ●

美国人懂得珍惜自己、珍重家人，在此基础之上再去努力工作。这样的人生使他们的精力和体力都很旺盛，所以在工作中能够发挥出最高的身体、头脑机能。工作效率高、劳动生产率高只是一个自然而然的结果。

日本人则讲究为了集体牺牲自己、牺牲家人，这是工作的前提。无论在精神上还是肉体上，日本人都已疲惫至极，怎么可能高效率地工作呢？

美国人的生活方式和日本人的生活方式，您想选哪种呢？

很多日本人在头脑中始终认为"享受人生"和"在事业上获得成功"是熊掌和鱼的关系，二者不可兼得。实际上并非如此，那只是一部分人头脑中先入为主的固定观念罢了。因为他们对时间的思考方式、对时间的分配方式存在错误，才使得生活和工作不能兼得。

只要您学习了本书介绍的"神之时间管理术"，学会珍惜自己、珍重家人，在此基础上再全力工作，肯定能在工作中取得了不起的成绩。

在自我成长的同时，也能在工作中做出成绩。还有时间享受个人的兴趣爱好和娱乐放松，与家人、朋友、恋人在一起的时间也会大大增加。帮您获得这样的幸福人生，正是我写这本书的终极目标。

第一章

最大限度发挥大脑机能，
提高专注力的方法

提高专注力，可以让我们在单位时间里完成的工作量增加，也就是提高了工作效率，这还相当于"缩短了时间"。这就是我所创造的"神之时间管理术"。

但在实际生活中，具体该怎样提高专注力呢？这一章将为您讲解有关专注力的基础知识，以及发挥超高专注力的方法。

"最强大脑"
之一

15·45·90 法则

●《007》电影中为什么邦德女郎必不可少 ●

我是个超级电影迷，也常写一些电影评论，有人还给我加了个"电影评论家"的头衔。上大学的时候，我一年要看 200 多场电影，而且还是去电影院看的。当时我加入了大学的电影研究会，还自编、自导、自拍了一些 8 毫米影片（胶片宽 8 毫米的影片）。

我年轻的时候，《007》系列电影非常受欢迎，讲的是代号为"007"的英国秘密情报员詹姆斯·邦德完成一个又一个惊险任务的故事。相信您也看过吧。

《007》系列电影已经拍了 20 多部，我也都看完了。但有一件事情令我十分吃惊，从第一部到现有的最后一部，《007》电影的情节套路几乎没什么变化。一成不变的情节，为什么还那么受观众喜欢呢？

《007》系列电影一般的情节套路是，15 分钟左右的枪战、动作镜头告一段落之后，场景就转换到另一个国家了。在转换场景的前后，肯定会插入一段詹姆斯·邦德和邦德女郎缠绵的镜头。

上大学的我看《007》电影的时候，每每看到这样的情节安排，心中就会产生一系列疑问：

"为什么《007》电影中的枪战、动作镜头最多只有 15 分钟就结束了？如果在动作镜头之间不插入邦德和邦德女郎的缠绵，而是把动作镜头连贯起来，那岂不是更加过瘾吗？还有，为什么每部都有邦德女郎？不安排这个角色，也不会影响情节的完整性啊。"

这些疑问是我在大学毕业之后，当上神经科医生的时候才找到答案的。当时，我用一个神经科医生的视角看了一部《007》的新片。脑科学的知识让我想通了以前的疑问，邦德女郎确实是必不可少的。

● 15 分钟——同声传译者的专注力集中时间 ●

书店里有很多关于"专注力"的书籍，它们会告诉读者"如何提高专注力""如何保持专注力"。但实际上，保持专注力并不是一件容易的事。

序章中我给大家讲过日本足球队经历的多哈悲剧，造成多哈悲剧很重要的一个原因就是运动员在比赛最后专注力已经不那么集中了。

人在一定的时间范围内保持专注力是可以做到的，但如果将"高峰专注力"，即非常集中的专注力长时间保持下去，却是不现实的。

那么，一个人的专注力到底能持续多长时间呢？

关于这个问题，我进行了一番调查研究，结果我得到了一系列数字，分别是"15 分钟""45 分钟"和"90 分钟"。

我曾经结识了一位同声传译者，因为她曾为许多知名人士做过同声传译，因此很出名。

这位做同声传译的朋友曾告诉我："做同声传译的时候，需要注意力高度集中。集中的时间也就 10 分钟左右。如果非要强迫自己把注意力集中起来的话，那 15 分钟也已经是极限了，不能更长了。"

重要会议需要进行同声传译的时候，译员一般都是 3 人一组，每人翻译 15 分钟，然后轮换。

船舶和飞机的雷达监控人员、工厂的质量检测员等，他们的工作都属于"监视性工作"。这种工作需要较长时间对监控对象保持注意力，当它们出现异常的时候，必须及时发现。

监视工作的环境变化比较少，连续监视 20 分钟以后，对异常的反应就会变得迟钝。这叫作"20 分钟效应"。

也就是说，持续专注超过 20 分钟后，人的注意力就会下降。

喜欢听古典音乐的人都知道，很多古典音乐名曲都是每 15 分钟或 20 分钟分一个乐章，中间加入小休止。

人高度专注的状态一般只能持续 15 分钟，不会超过 20 分钟。也就是说，15 分钟可以看作专注力的一个单位时间。

比方说，我在乘坐地铁的时候肯定会读书。每次读 10 ~ 15 分钟，但此时读书的速度却是其他时间段的 5 倍左右。因为在这个时间段里专注力更高，读书可以达到"入定"的状态。

　　15分钟是注意力集中的一个时间单位。在工作中，那些用时不长，又需要一气呵成完成的工作，就适合用15分钟来完成。

● 45分钟——课堂上学生的专注力集中时间 ●

　　小学的上课时间基本上都是45分钟一节课，到了初中、高中，一节课延长到50分钟。为什么学校的上课时间都是45～50分钟呢？

　　因为学生的注意力只能持续45分钟左右。

　　日本的电视剧，有的是1个小时一集，但除去中间插播的广告，真正的内容一般也只有45分钟。播放的时候每隔15分钟插播一段广告。插播广告的时候，观众可以休息一下，喝口水、上个卫生间什么的。通过中间的休息，观众的注意力可以得到恢复，以便下一个15分钟可以专注地看电视。

　　在中学、小学中，有些善于吸引孩子注意力的老师，上课的时候每隔15分钟就会给孩子们讲些题外话或笑话，让孩子们放松一下。因为这些老师知道，孩子们的专注力最多也就能持续15分钟，中间需要休息一下。所以，他们的一节课基本上会分为3块来上，每块15分钟。

　　小学生一节课45分钟，然后课间休息10分钟，让孩子们的注意力得以休息、恢复。按照这样的节奏，孩子们一天在学校的五六个小时都能保持一定的专注力。可以说小学课程的时间安排是十分科学合理的，我们小时候都上过小学，也体验过这种节奏，而且已经用身体记住了这样的时间安排。

曾因提出"游戏脑"的概念而出名的日本大学文理学院的森昭雄教授也曾说过，人的专注力持续的极限是 40 分钟。他还劝诫上班族说："**如果你的工作主要是面对电脑处理文件，最好每隔 40 ～ 50 分钟就休息一下**。"

无论是工作还是学习，我们最好以 15 分钟为基本时间单位，每隔 15 分钟小休息一下。以 3 个 15 分钟为一个工作单元，45 分钟大休息一下。这样可以让我们的专注力持续更长的时间。

● 90 分钟——足球比赛的专注力集中时间 ●

45 分钟的 2 倍，就是 90 分钟。

足球比赛分为上半场和下半场，每个半场 45 分钟。喜欢到现场看足球比赛的朋友可能都知道，上半场 45 分钟结束后，要中场休息 15 分钟。这个时间安排不仅适合运动员的体力和专注力分配，对于观众来说，也正好。看了上半场的 45 分钟比赛，休息一会儿再看下半场的 45 分钟。

日本也有一些电视剧每集有两个小时，但刨除插播广告的时间，实际内容也就 90 分钟。另外，大学的课程一般一节课也是 90 分钟。

Chapter 1 最大限度发挥大脑机能，提高专注力的方法

90 分钟可以说是成年人专注力持续时间的极限。如果能以 45 分钟为一小节，中间穿插短暂的休息，那么将更有利于专注力的持续。

• 人体内有一个"90 分钟计时器" •

我们人类注意力的持续时间比较有限，可以分为 15 分钟、45 分钟和 90 分钟三个时间单位。也许有些朋友会对这个时间单位的提法很是怀疑，但我可以给您提供脑科学上的依据。

我们人类的身体里存在一种"生物钟"，会按照非常准确的规律运转。比如以一天 24 个小时为周期的"昼夜节律"，我们每天总会在同一时间犯困，在同一时间肚子饿，先后差不了多少。以 24 个小时为一个周期，睡觉、吃饭的规律已经被"刻"在我们身体中了。不仅如此，体温、荷尔蒙的分泌也会按周期变化。

"昼夜节律"的英语是"circadian rhythm"。关于这一点，科学家在几十年前就知道了，并进行了大量的研究。

人体内还有一种周期性规律，叫作"亚昼夜节律"，英语是"ultradian rhythm"。亚昼夜节律以 90 分钟为周期。通过研究人类的脑电波，学者发现，人的清醒度会以 90 分钟为周期发生变化。说得具体一点，**人脑比较清醒的 90 分钟和产生倦意的 20 分钟会交替来到，形成一个循环。**

　　我们的睡眠分为快速眼动睡眠和非快速眼动睡眠两种类型。这两种睡眠模式也是以 90 分钟为周期反复循环，中间会有 5 ~ 20 分钟的间隔。

　　快速眼动睡眠和非快速眼动睡眠一个晚上循环 3 ~ 5 回，才算得上质量比较高的睡眠。

　　另外科学家还发现，我们人类的胃肠蠕动也是以 90 分钟为周期的。所以，"90 分钟"这个时间单位对我们来说是非常重要的。

● 按照大脑节奏进行"冲浪"的工作方法 ●

　　前面讲过多次，我们人类注意力的持续时间可以分为 15 分钟、45 分钟和 90 分钟三个时间单位。我将这种规律称为"15·45·90 法则"。

　　您肯定看过海浪涌向海岸的情景，海浪一浪接一浪，有波峰也有波谷。其实，在我们头脑中也有类似的情况发生，我们的专注力也是按照一定的节奏上下起伏的。当我们的专注力进行到低谷的时候，我们再努力工作，也难以见到效果。

　　我们不能违背身体的规律，应该顺势而为。假如把专注力的起伏比喻成大海的波浪，那我们应该成为"冲浪高手"。

　　顺应头脑的节奏安排时间，这样才能最大限度地利用自己专注力高的时间段，高效率地工作。

在研究专注力的时候，要从两方面着眼，"**专注力的深度**"和"**持续时间**"。

不管做什么事情，都需要"专注力持续一定的时间"。但是网球运动员和足球运动员所需的专注力无论是深度还是持续时间，都是不一样的。拿网球比赛来说，对方发球的时候，我方运动员的专注力肯定会达到最高峰。再看足球比赛，赛场上的运动员有 22 名，每个人都有自己的分工，球会在队员之间传来传去，所以每个人在同一个时间点的专注力都会不同，也就是说专注度有深有浅。但整场比赛必须都时刻保持较高的专注力。

专注力放在商务人士身上也是同样的道理。工作内容不同，所需要的专注力也不一样。就拿我创作文章来说，要让我每隔 15 分钟休息一下，恐怕思路就断了。所以，只要思路来了，我有时会一口气写上 90 分钟。

但对处理各类文件的事务性工作来说，面对桌子上各种各样的文件，要保持较高的专注力连续处理 90 分钟，那就有点强人所难了。这样的工作，就适合每隔 15 分钟或半个小时休息一下，才能保证工作更加顺利地进行。

虽然都是干工作，但根据工作的内容，工作也可以分为"轻工作"和"重工作"。这两种类型的工作所需要的专注力深度和持续时间也大不相同。

另外，前面我讲过人类在睡眠的时候，存在一个 90 分钟周期，但最近的研究表明，这个周期存在个人差异。这个周期的大体范围应该是 70 ~ 110 分钟。也就是说，前后各有 20 分钟的差异。睡眠周期都有个人差异，那么专注力的持续时间当然也存在个人差异。

其实，通过科学合理的锻炼，我们也可以延长自己的专注力持续时间。换句话说，专注力是可以通过锻炼提高的。

"15·45·90 法则"只不过是专注力持续时间的一个衡量标准。

有人会问："一定是 90 分钟吗？80 分钟就不行吗？"当然没有"一定""必须"的限制，也许有的人就适合 80 分钟的专注时间。重要的是，**我们要找到适合自己的专注时间，把握好这个时间节奏，才能更好地、高效地工作和休息。**

15·45·90法则

休息　休息

根据工作内容的不同，选择合适的休息时机。

15分钟　15分钟　15分钟　……休息

45分钟　　　45分钟　……休息

90分钟　……休息

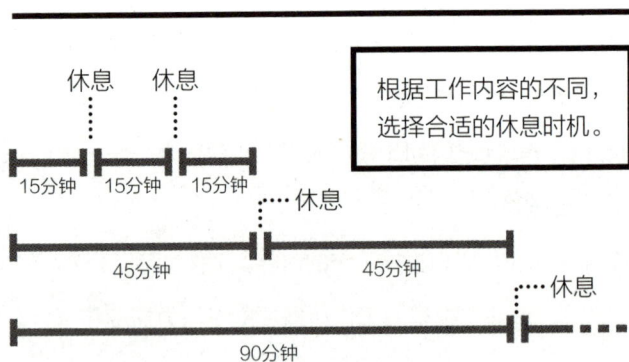

了解了自己的专注力持续时间后，我们就可以在专注力即将涣散

的时候，选择休息 10 ~ 15 分钟，让专注力再次集中起来。

只要学会灵活运用"15·45·90 法则"，就可以按照大脑自身的规律"冲浪"了。顺势而为地工作，可以让工作效率提高很多。

如果您在网上搜索"专注力持续时间"的关键词，得到的结果中就有"15 分钟""45 分钟"和"90 分钟"。但实际上，世界上第一个提出"15·45·90 法则"的人是我。以前，您在网上搜索"专注力持续时间"是不会同时搜出 15 分钟、45 分钟和 90 分钟这三个时间单位的。

我查阅了大量有关专注力持续时间的学术论文，也没有发现其中有 15 分钟、45 分钟和 90 分钟的提法。目前关于专注力的研究，大多以"计算等认知能力""脑电波""眼球运动、眨眼"等作为分析专注力的指标。但这些指标并不是专注力本身。严格地讲，目前还没有能够实时准确测定人类专注力持续时间的办法。

话说回来，我提出的"15·45·90 法则"，也只是一个"假说"。另外，专注力也存在个人差异，每个人的专注力持续时间都不一样。

不过，在专注力的持续时间中，我觉得 15 分钟、45 分钟和 90 分钟的时间单位是确实存在的。

重要的是您要找到自己的专注力持续时间，把握好专注力的起伏，在专注度高的时候努力工作，专注力下降的时候就休息。这样才能更加高效地工作。

●"兴趣"中隐藏的专注力法则●

"15·45·90法则"的正确性，其实从《007》系列电影中就可以得到证实。

在《007》系列电影中，每一次的动作场面都只有15分钟左右。然后就是场景转换。动作镜头加上场景转换，每个段落大概总共20分钟。段落与段落之间又会加入詹姆斯·邦德与邦德女郎之间的缠绵戏。缠绵戏和动作镜头完全没有关系。

正因为缠绵戏和动作镜头"完全没有关系"，观众才能从刚才紧张的动作镜头中放松下来，让紧绷的专注力得到放松和恢复。通过插入缠绵戏，**让观众的专注力得到恢复，以便能够集中精神看下一段武打、枪战镜头。**

在《007》系列电影中，动作镜头结束后，还常会把舞台背景转移到别的国家。电影的氛围整体为之一变，这对转换观众的情绪非常有效。在电影的前半段，安排3场动作镜头，在后半段再安排3场动作镜头，中间穿插各种转换心情的花絮。可以说，《007》系列电影是完全按照"15·45·90法则"制作的。

在《007》电影中每一段动作镜头都不会超过15分钟，原因何在呢？因为人的专注力高强度持续的时间只有15分钟。而在《007》电影中，一段激烈的动作场面结束后，插入邦德女郎的戏，可以帮观众恢复专注力。

顺便说点题外话，一部动作电影中如果动作镜头持续时间太长，反而会使人的头脑疲劳，甚至产生困意。比如，在电影《变形金刚》这部作品中，激烈的动作场面会连续上演 30 ~ 40 分钟。结果，虽然场面异常火爆，但观众却看得想睡觉。

由此可见，高度专注过后，必须要稍微休息一下。否则的话，头脑的机能就会下降。

"最强大脑" 之二

杂念排除法

专注力最大的敌人是什么？您知道吗？

是"杂念"。如果能消除头脑中的杂念，人自然就专注起来了。或者我们可以给"专注"下个定义："排除杂念的状态，就是专注的状态。"所以，**要想提高专注力，高效率地工作、学习，必须首先"排除杂念"**。

"杂念"的产生，主要来源于以下四个原因："外物造成的杂念""思考引起的杂念""人造成的杂念""通信造成的杂念"。

●【杂念排除法 1】外物造成的杂念 ●

一个人的办公桌上干干净净、整整齐齐，而另一个人的办公桌上杂乱地堆放着文件、文具和书籍，请问哪个人的工作效率会高一些？或者让您分别坐在上述两种办公桌前，在哪种情况下您的工作进展更顺利？可能大家会异口同声地回答："在干净、整洁的办公桌前工作效率高。"

办公桌以及周围的东西很散乱的话，光是找东西就会耽误您很多时间。一项研究表明，商务人士花费在"找东西"上的时间，一年就能达到 150 个小时之多。但更为严重的还不仅仅是浪费了宝贵的时间。

"订书机放哪儿了？""刚才那份文件怎么不在了？"这一瞬间，人原本紧绷的专注力就会土崩瓦解，精神一下子从专注的状态变成了涣散的状态。有研究人员说，**专注力一旦被打断，再恢复到原来的状态至少需要 15 分钟时间**。不用多，如果您一天找 3 次东西的话，至少就损失了 45 分钟。

● 整理外物就是整理头脑 ●

如果工作能像流水一样顺畅，那工作效率一定很高。为了提高工作效率，必须对工作环境中的各种物品进行整理，比如办公桌面、抽屉、文件夹、书架等。一定要保证需要的东西随手就能找到。

各种办公文具都有自己固定的位置，需要的时候 3 秒钟以内就能找到。文件要存放在写好标签的文件夹中。

总之，需要的物品瞬间就能找到，工作就不会被打断，就会像流水一样顺畅。这样人的专注力也不会被打断，在一定的时间内始终保持较高的专注力，工作效率自然很高。

整理物品最重要的一点就是让**每种物品有自己固定的位置**。拿我来说，发票我会放在书架最左侧的文件夹中。订书机和透明胶带放在抽屉的右边前侧。订书钉和替换的笔芯放在抽屉右侧的里面。

時 · 间 · 控

这样一来，任何办公物品的位置都在我的掌握之中，要用的时候随时可以拿到。

如果把所有东西都胡乱地堆放在办公桌上，也许找到想要的东西也用不了几秒钟，但**杂乱的状态也会让人头脑中产生杂念**。读了一半的书就扣过来放在桌子上，虽然暂时不会读，但看到它心里就会想："我得尽快把它读完。"装有账单的信封也放在桌子上，看见它人难免会紧张，心想："哎呀！还没有把账单付清！"每种物品映入眼帘的时候，人都会产生相应的杂念，这对集中注意力是最大的干扰。

心理学家曾经通过实验证明，在干净整洁的房间中工作，人的专注力要高一些。

心理学家让 A 组实验者在杂乱的房间里工作，B 组实验者在整理得很整洁的房间里工作。

两组实验者在相同的时间里做相同的工作，之后，心理学家对他们进行了测试。

测试的题目是："自制力的保持程度如何？"结果，在杂乱房间里工作的 A 组人员与在整洁房间里工作的 B 组人员相比，精神散漫，注意力也不够集中，自制力就更差了。

● 电脑中井井有条的人，工作能力也很强 ●

收拾办公桌很重要，电脑的桌面和硬盘中的文件夹也需要整理。

当您想到"我要找一个文件夹里的文件"，然后**在 10 秒钟之内打开这个文件夹，就算合格了**。您能做到这一点吗？如果您的文件夹很多，命名又没有逻辑，存放位置也不加整理，每次找文件的时候都需要检索好几次才找得到，那么，在找文件的过程中，您之前的专注就已经被打断了。所以我建议大家把电脑里的文件夹分类存储，文件夹里文件的命名也很有讲究，要让自己一下子就能找到。

如果文件分类存储，里面的文件命名合理的话，那一般只需要 10 ～ 15 秒钟就能找到想要的文件。

如果制作文件的时候图省事，给文件随便取一个诸如"AAA"之类的名字，做完就随便保存在电脑桌面上，看似节省了时间，但却为以后寻找这个文件埋下了隐患。

时间一长，您就会忘记文件里的内容，再加上桌面上"AAA""BBB"一类名字的文件太多，到时再找想要的文件可就麻烦了。而且，文件直接存在电脑桌面上也不安全，还是要保存在文件夹里，然后将文件夹分类存储。

总而言之，**不要为了眼前的省事，而为以后制造麻烦**。到时不仅要花好几倍的时间来搜索想要的文件，还会使专注力彻底涣散。

电脑桌面杂乱不堪，新文件都保存在桌面上，以后总有一天桌面装不下就不得不花时间整理桌面。另外，桌面存储太多杂乱的东西，也会拖慢电脑的运行速度，这岂不又成了影响我们工作效率的一个因素？

不管怎样，您要对工作环境和电脑桌面进行彻底的整理，让它们始终保持干净、整洁的状态。因为这是提高专注力的必要条件，也是最基本的一个条件，而且并不难做到。

● 【杂念排除法 2】思考引起的杂念 ●

有些朋友在工作的时候，会有各种各样的杂念浮现在脑海中。比如：

"对了！有一份文件必须在今天交给客户。"

"突然想起来，下午开会我还没有预定会场。"

"我必须得给 A 君回电子邮件。"

"肚子有点饿了，中午我是吃拉面，还是吃盖浇饭呢？"

毫无疑问，这些杂念会大大干扰我们的专注力，让我们产生想做其他工作的冲动，从而放下手头的工作。结果哪样工作都没做好。

杂念不仅影响我们的专注力，还会打断我们现在的工作。也许只是闪现 1 秒钟的杂念，却要浪费我们 15 分钟重新集中注意力。

● 把心里惦记的事情全都写出来 ●

有的时候，杂念会不自觉地闪现在我们的头脑中。所以，有人认为杂念是不可控制的，也不可能将它们彻底消除。其实事实并非如此，杂念不仅能够彻底消除，而且还很简单。

就像前面我列举的几个例子那样，杂念基本上都是有关"预定""日程""该做的事"等还没决定或还没完成的事情，其实只要把它们写下来，写进"日程表""TO DO 清单"里等，它们就不会再来干扰我们的思路。现在智能手机非常方便，可以下载安装日程表、备忘录等软件，将要做的事情记录下来。但我并不建议大家用这种电子日程表，最好用笔写到纸上，并放在办公桌上，以便一眼就能看见。

写好"今天的工作安排""下一项预定工作"或"上午该做的事"，并把它放在办公桌上。当您头脑中再闪现出相关杂念的时候，只要看一眼自己写的"工作安排"，杂念就会立刻消失，人也会感到安心。

苏联心理学家蔡戈尼克在一家他经常光顾的咖啡馆中有一个重大发现。那家咖啡馆的服务员不用做记录就能同时、准确地记住好几位客人点的餐点。可是，当这位服务员把客人需要的餐点端上桌之后，他很快就把刚才那几位客人点了什么都给忘记了。

后来，蔡戈尼克通过心理学实验对这个发现进行了验证，最后得出结论："**当目标没有实现时，人对未完成的课题记忆比较深刻。但目标实现后，人对已经完成的课题，记忆就没那么深刻了**。"人们将这种现象称为"蔡戈尼克效应"。

喜欢看电视剧的朋友可能都有体会，每一集中间插播的广告，都会选在恰到好处的时机，一般都在小高潮的时候突然中断，插播广告。电视剧每一集结束的地方，也会留下很多悬念，让人很期待下一集的播放。这也是很好地利用了蔡戈尼克效应，强化观众的记忆力和专注力。

当一个必须完成的课题摆在我们面前的时候，我们就会处于紧张状态，但随着课题的完成，这种紧张感也会消失，还会渐渐淡忘课题的内容。反过来，正在做的课题中途停下来，或者课题处于未完成状态时，我们的紧张状态就会一直持续。这份紧张感使我们对未完成课题的记忆异常深刻。

● "仅仅是写下来"就可以排除杂念 ●

蔡戈尼克效应，如果用我的话来说就是，正在进行的事情，会占据大脑的存储空间，一旦完成之后，就被从大脑中清空，不再占据存储空间。

"今天有一份文件必须做好""今天中午是吃拉面，还是吃盖浇饭呢？"……这种反复出现在脑海中的杂念，正因为它们是"尚未完成的课题"，所以使我们的头脑一直处于紧张状态，才会被深刻记忆。

那到底该如何消除这些杂念呢？

其实前面已经讲过，方法很简单，只要把这些杂念写在纸上就行了。把杂念写出来之后，原本"未完成的课题"就变成了"已完成的课题"。

"感觉肚子饿了，中午我是吃拉面，还是吃盖浇饭呢？"如果您的头脑中出现这种影响专注力的杂念，您就马上把它写出来，"中午12点半，去'来之轩'吃拉面"。

"我有点想吃拉面。""拉面还是盖浇饭？"在思考这种问题的时候，问题就处于"进行中"，所以会一直萦绕在我们头脑中，挥之不去。这时我们就需要果断做出决定。"中午就吃拉面！"然后把这个决定写下来。这样一来，虽然还没有吃到拉面，但已经决定去吃拉面，问题就已解决，我们也就不会再因纠结而浪费时间了。

把"未完成的课题"变成"已完成的课题"，我们头脑的紧张状态就会解除，这个杂念也就随之消失了。

一句话，**头脑中产生杂念就把它写出来，写出来后就忘了**。

"写出来，然后就忘记"，我们要把这个过程变成习惯。渐渐地，您就不会再被杂念干扰了，到时一定能集中精力专注于工作。

● 提高"转换能力"的头脑训练 ●

即使把头脑中的杂念写在纸上，它们也不会消失。同一个想法会反复在头脑中出现，无论如何也挥之不去。有这种情况的朋友，需要引起注意了。因为**杂念难以除去，正是大脑的前额皮质疲惫的证据**。

在我们的头脑中，对想法进行"转换"的工作是在大脑的前额皮质进行的。特别是前额皮质还与一种叫作"血清素"的神经递质有着深刻的联系。

　　举个例子，有些在交通事故中大脑的前额皮质受损的患者，会反复不停地说同一句话，或者不停地在纸上写同一个词。

　　出现这种症状，说明前额皮质已经无法控制自己的神经，所以人会反复做同一个行为，无法转换成其他行为。

　　当然，头部外伤是比较极端的例子，但在脑科学领域，**前额皮质与"思考的连续""思考的转换"存在深刻联系的事实，已经在几十年前就得到了证明。**

　　另外，抑郁症患者总是感到不安和担心。当有不安或焦虑的想法浮现在他们脑海中后，这些想法就像魔咒一样一次又一次地反复出现。反复出现的想法让抑郁症患者更加不安和紧张，导致容易走到崩溃的边缘。

　　抑郁症患者前额皮质的机能普遍有低下的倾向，而且，他们脑内血清素的机能也很低。对于我们正常人来说，虽然不至于陷入抑郁症那种严重的状况，但睡眠不足或精神压力过大，也会降低前额皮质的机能。

　　换句话说，那些在工作中头脑里不停涌现各种杂念，无法专心工作的人，可能就是疲劳过度或精神压力太大了。因为杂念难以消除，就是前额皮质工作能力降低的证据。

　　那么，前额皮质"转换能力"弱的人，怎样提高自己的脑机能呢？

　　其实，只要想办法提高前额皮质中血清素的活力就可以了。具体方法有三个："日光浴""进行有节奏的运动""咀嚼"。

早上起床后，先去室外散步 30 分钟，回来再细嚼慢咽地吃早饭。这样有规律地生活，就能帮助血清素提高活力。

当然，如果您工作过度的话，还是要适当减少工作量，每天的睡眠一定要充足。而且，对压力进行合理的管控，也是保证身体健康和高效率工作的前提。因为提高血清素的活性与早上的生活习惯有关，所以我将在第二章中为大家详细讲解。

●【杂念排除法 3】人造成的杂念●

日本著名剧作家木下顺二曾创作了一个名叫《夕鹤》的故事，在国内外广为流传，甚至还被编入了日本学生的语文课本。不过，您知道这个故事真正的寓意吗？

《夕鹤》的主人公农民与平救了一只受伤的仙鹤。后来，一名年轻的女子来到与平家，希望嫁给与平，这位女子名叫阿通。与平非常高兴，和阿通结成了夫妻。他们一起生活的第一天，阿通就告诉与平："我织布的时候，你一定不要偷看。"与平答应阿通，一定不会偷看。结果，阿通织出了非常漂亮的布。一天，与平实在忍不住好奇心，偷偷看了阿通织布的样子。

结果令与平大吃一惊，他看见一只仙鹤正在拔掉自己身上的羽毛来织布。

被与平看到自己的真实面目后，阿通离开了与平，带着受伤的身体和心灵，飞向远方。

　　您觉得阿通为什么一定要离开与平？因为被与平识破了自己的原形？

　　我觉得，阿通正在房间里专心致志地织布，结果与平的出现打断了她的注意力，她很生气而愤然地离开。

　　当然，我只是开个玩笑，希望不要误导了大家对这个经典故事的理解。但现实中，如果您正专心于工作，却被别人无故打断，您当然也会生气吧。一项研究表明，**当人的注意力高度集中于一项工作时，别人的搭话或电话铃声都会使人的专注力被打断，而且，要恢复之前那种注意力高度集中的状态，至少需要 15 分钟。**

　　在上午的工作时间中，如果我们被打断 2 ~ 3 次，那么就会损失30 ~ 45 分钟的高效时间。

　　上午把自己关在房间里创作文章，是我每天的"必修课"。

　　我也和夫人强调过多次，"上午我写作的时候，千万不要来找我说话。"我就好像《夕鹤》中的阿通。所以我把自己的这种工作方法称为"夕鹤工作术"。

　　专心致志于眼前工作的时候，头脑的全部能力都被投入到工作中，工作效率是最高的。

　　如果能为自己营造一个"不受干扰"的工作环境，人就可以高度专注于工作，将工作效率提升到最高。

●村上春树的"罐头工作术"——找到适合自己的"专注空间"●

我听说有些小说家在创作小说的时候，会一个人跑到温泉旅馆住一段时间，把自己关在旅馆里埋头创作。为什么要到温泉旅馆去创作？因为一个人在温泉旅馆，隔绝了"别人的干扰"，有利于排除一切杂念，专心于小说的创作。

著名作家村上春树在其著作《我的职业是小说家》中揭秘了他的写作方式。

村上春树在创作小说的时候，喜欢到外国的咖啡馆里去创作。在外国的咖啡馆中，首先没有熟人，不会有人来搭话。他可以一边欣赏美丽的街景，一边写小说。这样的时光，对他来说是非常快乐的。

我喜欢的写作场所是"常去的咖啡馆"。

我喜欢找靠窗的位子，看着碧空和绿树，创作文章简直是一种享受。在这样的环境中，我的心情无比愉悦，头脑中思路如泉涌，写作效率非常高。

这就是"罐头工作术"，就好比把自己关在罐头瓶里，隔绝了外界的干扰，可以一心一意地埋头工作。而"罐头瓶"就是"专注空间"，找到适合自己的"专注空间"，就可以在其中高效率地工作。

养成在"专注空间"高效率工作的习惯后，头脑就会记住这个"专注空间"。只要我们一来到这里，头脑就明白了"这里是集中注意力工作的地方"，从而自觉地排除杂念，做好专心工作的准备。

● 上班族的夕鹤工作术 ●

读到这里肯定有些朋友不高兴了，说："我们上班族怎么可能找一个与世隔绝的地方工作呢？我们怎么可能离开公司呢？"

确实，上班族每天坐在公司的办公桌前工作，不可能擅自离开公司。工作的时候，一会儿上司过来检查一下，一会儿部下问个问题，一会儿客户又打来电话，思路随时可能被打断，怎么可能逃离这种环境嘛。所以，有些人认为上班族是不可能采取夕鹤工作术的。

但我有一个上班族朋友，给我提供了一个很好的思路。他说："我一个人在公司会议室里工作的时候，状态特别好。所以每当会议室里没人的时候，我就带上资料和笔记本电脑去会议室工作。因为没有人来打扰我，所以工作效率非常高。"

对于上班族来说，要想在几个小时里不接任何电话、不受别人打扰，严格地执行夕鹤工作术，基本上是不现实的。但我们可以**尽量寻找相对隔离的环境，最大限度地减少外界的干扰，提高专注力，高效率地推进工作的进展。只要遵循这样的宗旨，我们总能想办法找到合适的地方进行工作。**

对于那些不需要高度专注力的工作来说，即使受到一些干扰，也不会影响工作的进展。但对于那些需要高度专注力的关键工作来说，最好还是寻找相对隔离的环境，隔绝干扰、排除杂念，一口气将工作干完。

● 【杂念排除法 4】通信造成的杂念 ●

在实施罐头工作术或夕鹤工作术的时候，不关闭手机的电源，就没有意义了。不管在多么封闭的环境中，如果每隔 10 分钟就来一个电话，那我们的专注力也会被干扰得支离破碎。

在隔离的环境中工作的时候，最好也把网络关闭，我们的注意力会更加集中。

专心致志工作 90 分钟后，利用休息的时间打开手机查看一下未接来电、信息，是比较合适的做法。很多人认为"来了电话不马上接的话，可能会错过很重要的机会"。但说实话，**90 分钟不接电话，您的公司不会破产，也不会让公司产生 1 亿元的负债**。大约 20 年前，手机还不算普及的时候，也没听说哪家公司因为没有联系上某位员工

手机铃声导致专注力低下

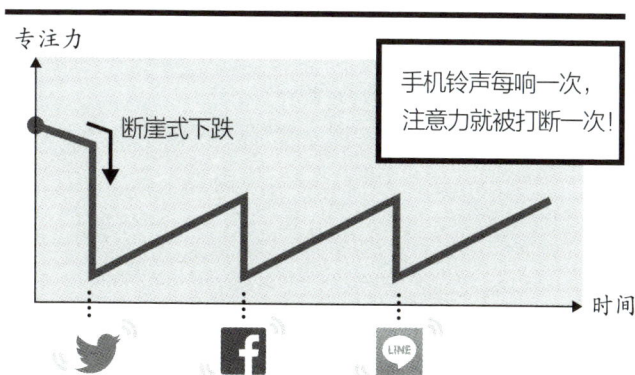

专注力

断崖式下跌

手机铃声每响一次，注意力就被打断一次！

时间

而倒闭的。

　　顺便介绍一下我自己的经验，我有手机，但平时大多数时间把它放在皮包里，即使来了电话我也听不见，所以我很少及时接听电话。我都是有空的时候再查看手机，有未接来电的话，打回去就是了。

　　我的这种习惯已经保持了好几年，也没发生过任何麻烦或纷争。

　　也有的人喜欢把短信、微博、微信的来信通知设定成铃声，每收到一条新信息，手机就会响一次。我夫人就是这样设定的，还有几个朋友也喜欢铃声提示。和他们在一起的时候，**每隔几分钟，就听到一声"叮咚"，一瞬间，我的专注力就归零了**。所以和他们在一起时，我根本无法专注做一件事情。

　　也许有的朋友会说："你就当没听见不就行了？"话虽这么说，但我们的头脑会无意识地对接收到的信息进行处理，所以每当我们听到铃声的时候，虽然不想理会它，但头脑已经受到影响，注意力已被吸引过去了。

　　也就是说，手机铃声对我们的影响远远超出了您的想象，在工作的时候，最好还是把手机调到静音模式。

"最强大脑"
之三

时间限制工作术

● 为什么学生的暑假作业一天就可以完成 ●

想必每个人上学的时候，都曾为暑假作业烦恼过。很多人在暑假的时候，都是先玩个够，最后快开学的时候，再急急忙忙地赶作业。有的人甚至会在开学前的最后一天，一口气把所有暑假作业都做完。您是否也有类似的经历呢？也就是说，暑假作业是可以在一天时间之内全部完成的，那为什么不在放假的第一天就把作业全写完呢？这件事说起来容易，可现实中却很少有人能够做到。

"背水一战""狗急跳墙""兔子急了也咬人"……这些俗语告诉我们，当人陷入紧急状况时，可以发挥出超常的能力。这件事古人就已经知道了。

除了暑假作业，相信您在工作中也应该遇到过类似的情况。比如，有一项工作今天必须完成，明天必须上交，那么您一定会在今天发挥出超强的工作能力，以最高的效率将其完成。

由此可见，只要限定了工作时间，人就可以高效完成工作。比如，"1个小时内必须完成"，以单位时间设定完成期限，或者"某月某日前必须完成"，为工作设定一个最后的期限，就可以让人以高度的专注力投入到工作中去。

那么，人为什么在紧急的情况下能发挥出超强的能力呢？我们可以从脑科学的角度对这个问题加以解释。

人在紧急情况下，脑内会分泌一种名叫"去甲肾上腺素"的物质。**去甲肾上腺素可以使人注意力高度集中，并能提升学习能力，使头脑变得清醒。由此，大脑就能发挥出最高机能。**

我们人类为什么会拥有如此强大的"应急援救物质"呢？

举个例子，请您先设想一下原始人遇到剑齿虎的情景。原始人会在这种危急情况下想：是与剑齿虎拼命，还是撒腿就跑呢？选项也只有这两个。这个时候，如果原始人开始慢慢思考"我到底是和剑齿虎拼命，还是逃跑呢"，恐怕他多半会成为剑齿虎的盘中餐、腹中食。

在这种危急时刻，原始人的脑内就会分泌去甲肾上腺素。在事关生死的时候，如果不能马上做出正确的判断，就只有死路一条。所以，这个时候脑内分泌的去甲肾上腺素可以将人的注意力高度集中起来，让头脑清醒异常，从而在一瞬间做出正确的判断，以保住性命。

我们人类被创造出来的时候，很多构造就已经设计好了。比如，**当我们面临紧急情况时，头脑和身体的最高潜能就会被激发出来。**即使不是生命受到威胁，一些令我们紧张不安的情况，如"这项工作今天必须完成""啊，明天就考试啦！"，也会刺激我们体内去甲肾上腺素的分泌。

"下午 3 点之前不提交这份报告，就会给公司造成巨大的损失""如果明天不将合格的货物交给客户，就要承担违约责任"，像这样，工作有了一个时间限制之后，我们就会把注意力集中起来，调动身体和头脑的全部能力，为了按时完成任务而高效率地工作。这就是我所说的"时间限制工作术"。

● 工作达人推荐的"秒表工作法" ●

只要为工作设定一个时间限制，工作效率就会大幅提高。

"这个报告必须在下午 3 点前提交""这份文件一定要在 1 个小时之内完成"，我们要学会自己为工作设定合理的时间限制。其实这个方法不难，您现在就可以尝试一下。

设定时间限制之后，我还推荐您使用一个小工具——秒表。**工作的时候使用秒表计时，可以将时间"可视化"，能够进一步激发我们的"紧迫感"，从而提高工作效率。**

"这份文件一定要在 1 个小时之内完成"，下定决心之后，就把秒表开启，然后投入工作。这样一来，工作变成了一种"限时游戏"，我们的干劲也更加高涨。当在规定时间内完成工作时，我们就像玩游戏通关一样，内心会产生无比的喜悦和快感。

也有朋友不喜欢用秒表，而用闹钟定时。到了时间，闹钟就会响起。但是，使用闹钟看不到时间的流逝，无法把握工作的进度。也许正当我们高度专注攻克最后的难关时，时间到了，闹钟响了。

结果，我们的专注力一下子被打断，憋着的一口气也松懈下来，剩下未完成的工作可能要用几倍的时间才能拖拖拉拉地完成。所以，我认为工作的时候使用闹钟不如秒表好。

明治大学的斋藤孝先生，在工作术和读书术方面很有建树，相关的著作他都出版了好多本。斋藤孝先生无论走到哪儿，都会随身携带秒表，他甚至说："没有秒表我就没法工作。"

另外，脑科学家茂木健一郎先生也是秒表的爱好者。在他的著作中也曾多次介绍过利用秒表设定时间限制，提高工作效率的方法。

总而言之，工作达人大多是时间限制工作术的践行者。

● 时间限制一旦确定，就会给我们带来两波工作高峰 ●

设定时间限制可以提高人的专注力，从而提高工作效率。这个事实第一次被发现是 19 世纪后半叶的事情。一位名叫埃米尔·克勒佩林的德国神经科医生在研究中发现了这个事实。

埃米尔·克勒佩林曾进行过一项实验，他让实验者在 1 小时内连续做加法运算（1 位数加法），看他们在规定时间内会有怎样的成绩。然后根据实验者作业量的变化和时间变化，绘制出"作业曲线"。日本心理学家内田勇三郎在埃米尔·克勒佩林"连续加法计算法"的基础上编制出一套心理测验方法，被称为"内田－克勒佩林测验法"。现在，这种心理测验法被广泛应用于公司招聘面试等领域。通过简单的连续加法运算，可以获得受试者心理特点的很多信息，这些信息可以作为判断受试者工作能力、专注力持续时间、职业适应性的重要依据。

埃米尔·克勒佩林通过对很多人的作业曲线进行观察，发现了其中一些共同的倾向。这个倾向就是在测试开始之初，实验者的作业效率很高，但到了中段，因为"疲惫"或"厌倦"，他们的作业效率明显下降，甚至达到最低谷。但是在测试临近结束的几分钟里，实验者的作业效率又高了起来。

实验者在测试之初作业效率很高的状态被称为"初始努力"，而测试结束之前最后一点时间作业效率再次提高的状态被称为"最终努力"。也就是说，当确定了工作的时间限制后，在最初和最后的两个时间段里，人的专注力是最高的。

初始努力和最终努力

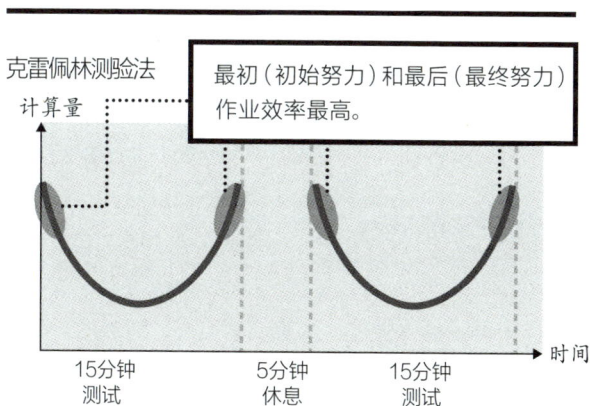

克雷佩林测验法
计算量

最初（初始努力）和最后（最终努力）作业效率最高。

15分钟测试　　5分钟休息　　15分钟测试　　时间

　　如果把 45 分钟的工作时间分成 3 段，每段 15 分钟，中间进行
适当的休息。那么，每一段 15 分钟都会获得"初始努力"和"最终
努力"两个工作效率高峰。整个工作时间里总共获得了 6 个工作效
率高峰。而连续工作 45 分钟不休息，最多只有最初和最后的两个工
作效率高峰。

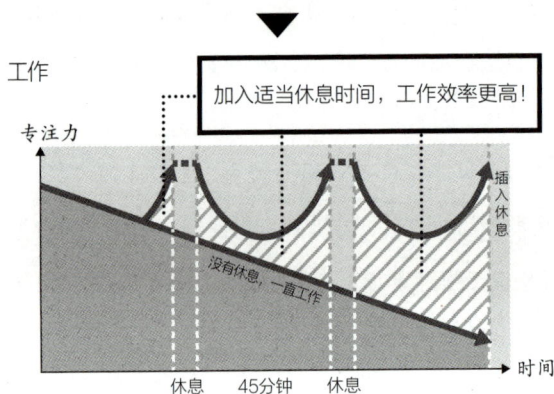

工作

加入适当休息时间，工作效率更高！

专注力

插入休息

没有休息，一直工作

时间

休息　　45分钟　　休息

　　所以，我们应该把大块工作分割成小块工作，再给每个小块工作
设定一个时间限制。工作的时候，记得用秒表计时。仅仅是这样小小
的改进，就可以让您的工作效率大幅度提高，快去实践一下吧。

● 严守时间限制的工作方法 ●

　　您在工作中可能也体验过紧张感或紧迫感，适当的紧张感、紧迫
感并不是坏事。适度的紧张反而能帮我们做出漂亮的工作。

曾有一些出版社的编辑向我约稿，他们说："您有空的时候帮我们写一篇短稿子就行。"可是，"有空的时候写就行"，让我迟迟动不了笔，最后大多不了了之。如果对方要求我"明天就交稿"，我反倒能写出好文章准时交稿。但要说"什么时候交稿都行"，那可就遥遥无期了。

所以，再有编辑向我约稿，并说"什么时间交稿都行"的时候，我会给自己设定一个交稿截止日期，比如"在本月底必须写好"。对于比较短的稿子，我一般都会在截稿前两天开始写，虽然时间紧张，但因为专注力高度集中，所以写出来的文章反而质量很高。

为工作设定时间限制，仅仅是严格遵守这个时间限制就可以让我们的注意力高度集中，提高工作效率。所以，严守时间限制，本身就是一种高效率的工作方法。

严守时间限制的工作方法，说白了就一条，就是在**任何情况下都不能推迟设定好的时间限制**。

在出版界，我是出了名的"守时作者"。编辑说"3月底交稿"，我交稿的时间肯定不会拖到4月。

我曾听编辑朋友讲过，不守时的作者、喜欢拖延交稿日期的作者还不少呢。他们经常会在截稿期前一天突然打电话给编辑说："能不能宽限一个星期？"无奈之下，编辑只得答应。结果一个星期后，那位作者又打来电话说："能不能再宽限一个星期？"结果，等他最后把稿子交来，已经比之前约定的交稿日期晚了一个月。

　　如果让推迟时间期限形成一种习惯的话，那即使给自己设定了时间限制，也不会刺激脑内去甲肾上腺素的分泌。内心中的某个地方还会滋生一种侥幸心理——"反正晚几天也没事"。这样一来，人就不会感到紧迫感，也不会让自己陷入一种"危机状态"，头脑也不会认真起来，自然也就不会分泌去甲肾上腺素。

　　严守时间限制的人，会对时间限制产生紧张感，从而促进去甲肾上腺素的分泌。在去甲肾上腺素的帮助下，注意力高度集中，从而高效率、高质量地按期完成任务。但不守时的人，对于时间限制已经不当作一回事，得不到去甲肾上腺素的帮助，所以工作总是磨磨蹭蹭、拖拖拉拉，质量还不高。就拿前面举的那位拖稿的作者来说，他延迟了一个月才交稿，其实也相当于浪费了自己一个月的时间。

●可以帮我们严格守时的"'后有约定'工作术"●

　　可是，对于那些已经患上拖延症的人来说，要想严格遵守时间限制，并不是一件容易的事。

　　不过，不管多么爱拖延的人，我也有办法帮他们摆脱拖延症的魔爪，重新回到遵守时间的正道上来。

　　实际上，我说的这个方法我自己也经常用。

　　在我编写《记不住的记忆术》（SunMark 出版）一书时，我就用了这个方法。在创作这本书之前，编辑和我约定的交稿时间是 9 月底。

于是，在着手写的时候，我就给自己计划了一趟美国之旅，时间定在10月7日出发。

首先，计划去美国旅行，是对自己按时完成工作的一项奖励。另外还有一个目的，我把旅行的时间定在截稿时间后的一周，也就是强迫自己高效工作，尽量按时交稿，实在不行，也只有一周的缓冲时间。否则的话，如果在10月7日还完不成书稿，就只有带到美国去写了。那样一来，虽然去了美国，也没有心情观光旅游，还得在酒店写书稿。这是我绝对不愿看到的事情。**在这种情况下，人的头脑内就会分泌去甲肾上腺素。**

在工作开始之前，就在工作的截止时间之后约定下一项任务，这就是我所说的"'后有约定'工作术"。在电影、电视拍摄的现场，经常会遇到这样的情况。因为演员的工作时间大多都已经提前安排好。在拍完这部戏的某个镜头之后，演员还得赶到其他片场拍摄其他戏。这也叫"赶场"。所以，下一个时间段已经预约好了的情况下，在当前有限的时间里，演员必须把眼前的工作做好，才不会影响下一个时间段的工作。

如果我们在工作中能够有意识地为自己安排好下一个时间段任务，那么在当前这个时间段里，就会全身心地投入，保证按时完成工作。

第二章

充分利用早上的大好时光，因为那是大脑的黄金时间

　　一日之计在于晨。一天之中，我们的注意力最为集中的时间段就是早上的时间。早上的时间如何度过，将决定一整天的收获。

　　另外，早上起床后的 2 ~ 3 个小时，被称为大脑的黄金时间。在这一章中，我将告诉您大脑的黄金时间该如何利用。

Chapter 2

"最好的早晨" 之一　　活用大脑的黄金时间

● 为什么早上起床后是大脑的黄金时间 ●

为什么说早上起床后的 2 ~ 3 个小时，是一天之中最好的时间呢？为什么把这段时间称为大脑的黄金时间呢？

首先，晚上的睡眠是大脑休息、对大脑进行整理的时间。我们会通过做梦，对前一天经历的事情进行梳理、分类、储存。**早晨起床之后的大脑最为清醒，就像"收拾之后一尘不染、干净整洁的办公桌"。**

早上刚开始上班的时候，办公桌上可能干净整洁，但随着工作的开展，桌上会不断增加各种文件、书籍和文具，变得杂乱起来。我们的大脑也是同样的道理。随着时间的流逝，进入大脑里的东西也越来越多。

早上起床后我们头脑的状态就像"干净整洁的办公桌"，有足够宽阔的空间供我们高效率地工作。

2016 年上市的智能眼镜"JINS MEME"（晴姿牌）可以利用内置的传感器监测佩戴者眼球和眼皮的活动，从而判断出佩戴者疲劳、困倦等状态。这款眼镜提供的一组数据令人深思。

5000 名 JINS MEME 佩戴者的平均数据显示，**人在一天中专注度最高的时间段是早上 6 点到 7 点**。过了上午 9 点以后，人的专注力就开始慢慢下降，到下午 2 点，接近最低点。下班前的 4 点到 5 点，人的专注度又会有所回升。

这组数据为早上起床后的两个小时是大脑的黄金时间提供了最有力的证明。

随时间变化，专注力的变化

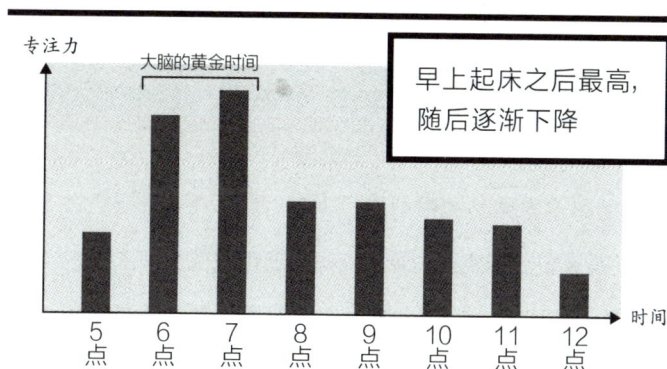

※根据5000名JINS MEME眼镜佩戴者的数据制作而成

早上的大脑黄金时间适合做那些需要高度专注的工作，比如创作高质量的文章、理论性强的工作、学习外语、编辑整理难度高的文件等。我把这类工作称作"专注性工作"。

●"专注性工作"只能在中午之前做●

前面说过，上午的时间我一般都用于写作。为什么上午写作？因为高质量的文章，也就是用于出版成书的文章，我只有上午才写得出来。

像电子杂志、Facebook 上发表的文章，都比较轻松，我下午可以写、晚上可以写，甚至乘坐地铁、电车的时候也可以写。但是，要出版成书的文章，需要精确设计篇章结构，需要字斟句酌，只有在上午头脑机能最强的时候才能写出来。

美国著名畅销书作家斯蒂芬·金，有很多佳作畅销全球，比如《魔女嘉丽》《肖申克的救赎》《绿里奇迹》《末日逼近》等。他还曾写过一本书来介绍自己创作小说的方法，书名叫《写作之道》。在这本书中，斯蒂芬·金还介绍了自己一天的时间安排。

"我的每日安排其实很简单。上午写作，下午午休，然后写信。晚上主要是读书、和家人团聚，有时候通过电视看红袜队（棒球队队名）的比赛。实在迫不得已的时候，才会在晚上修改稿子。就这么简单，我的大原则是，写作只在中午之前。"

读到这里的时候，我倍感惊奇，同时也非常高兴。因为我的每日安排和斯蒂芬·金的不谋而合。

特别是上午写作这个习惯，我和斯蒂芬·金都是一年 365 天几乎天天坚持。不过斯蒂芬·金已经坚持了几十年，而我在成为作者以来，也坚持了 10 年有余。

"最好的早晨"之二

上班后最初的 30 分钟最为重要

● 日本人很懒散 ●

我在美国留学期间，遇到了下面一幕。在一次派对上，一个曾在日本企业中工作过的美国人对我说：

"日本人早上上班后，就是喝喝茶、看看报，很懒散的样子。如果他们能马上开始工作的话，也不用加班到深夜了。"

他的这番话对我触动很大。人们都说日本人工作起来很勤奋，可没想到在美国人眼里日本人上班却是一副懒散的状态。

留学期间，我在大学的研究室里工作，下午一过 5 点，大家就开始放松下来，收拾东西准备回家。但上午的时间，个个都生龙活虎地全身心投入工作。

早上 8 点半左右，实验室的所有工作人员基本上都到齐了，为即将开始的实验或会议做准备。

在日本人的头脑中，"9 点钟上班"，而对于美国人来说，"9 点钟应该全力以赴投入工作了"。所以，像喝咖啡、为一天的工作做准备等，美国人都会在 9 点前完成，9 点一到，他们就开始全力工作了。

而日本人9点到了公司，才开始做"准备活动"。

前面我也讲过，美国人下午5点就下班了。如果到了下班时间还有工作没做完，他们会在第二天早上提前来公司继续做。

日本人的情况就不一样了，如果到了下班时间还有工作没完成，他们就会推迟下班时间在公司加班。但殊不知，晚上的工作效率并不高。所以美国人的劳动生产率比日本人的高，因为他们知道上午时间的重要性。

日本人大多没有认识到上午时间的宝贵，一上班先喝茶、看报纸、打开电脑查看邮件。如果日本人也能提前做好这些准备工作，9点钟就能火力全开地投入工作的话，大脑的黄金时间就不会被浪费，工作效率一定能提高不少，也就不至于每天都加班到很晚了。

●"早上30分钟等于夜间2个小时"法则●

那么，您早上来到公司之后，做的第一项工作是什么呢？我估计很多人都是先打开电脑，查看邮件，回复邮件。

但是在我的认知中，"早上一上班就开始查看邮件、回复邮件，是对时间最大的浪费"。为什么这么说？早上查看邮件，就把大脑的黄金时间糟蹋了。

早上起床后的2~3个小时是大脑的黄金时间。但是，日本上班族一般早上7点起床，洗漱、吃早饭后8点出门，9点到达公司。其实这样一来,大脑的黄金时间就只剩 1 个小时了。

如果在这仅剩的 1 个小时黄金时间中,还要花上 30 分钟来查看邮件,之后黄金时间更所剩无几了。

查看邮件、回复邮件,不需要高度的专注力,是"非专注性工作"的典型代表。如果在一天之中头脑最清醒、专注力最高的大脑黄金时间内做这类工作,那不是巨大的浪费吗?

如果能够高效率地把早上的黄金时间利用好,那么只需 30 分钟的时间,就可以做不少"专注性工作"。拿我来说,在早上写作的时间段里,最初的 30 分钟中,无论是写作的字数还是文章的质量,都是最高的。所以,我深切感受到早上时间的价值是晚上的 4 倍。

换句话说,早上的 30 分钟可以匹敌晚上的 2 个小时。

我再问一次,早上上班后最初的 30 分钟,您打算做什么?

当然是把一天中最重要的工作放在这个时间段来做。

如果能把早上的黄金时间利用起来,可以让您的下班时间比平时提早 1 ~ 2 个小时。因此,那些需要高度专注力的关键性工作,一定要在早上的黄金时间内完成。

"最好的早晨"
之三

超级轻松起床术

●获得"清醒早晨"的5个方法●

前面讲过，早上起床后的2～3个小时，头脑最为清醒，可以称得上是大脑的黄金时间。但听我这么说，肯定也会有人反驳。

"我起床后的1个小时内，脑袋昏昏沉沉的，根本不是什么黄金时间！"

"我是晚上活跃型，早上头脑最不清醒。上午不可能高质量地完成工作。"

我估计，可能很多朋友都不喜欢早起，早晨起床后的一段时间里头脑也是昏昏沉沉的。"不善于早晨用脑"的人，大脑的黄金时间基本上也就浪费了。在我看来，这无异于把一天中的一半都浪费了。

其实，不管多么不喜欢早上工作，只要稍微改变一下生活习惯，就可以让自己的大脑在早上迅速进入"临战状态"。接下来我就为您介绍5种方法，保证让您在起床后15分钟里，无论身体还是大脑都彻底清醒过来。

●【超轻松起床术 1】早上冲个澡●

早上总是睡不醒，起床的时候很恼火。强迫自己起来之后，头脑也是迷迷糊糊的……

20 多岁的我，就是早上起床很恼火的典型代表。

那时的我，完全是夜晚活动型。最喜欢睡懒觉，早上总是睡到即将迟到的前一刻。进入社会工作之后，不得不早上 9 点赶到医院，所以我觉得那种生活很痛苦。可即使 9 点到了单位开始工作，1 个小时之内也无法进入状态。

我也知道这样下去肯定不行，于是去书店买了很多教人"早起"的书来看。可尝试了很多方法之后，都不见什么效果。我在心中基本上已经放弃了，认为自己就是一个无法早起的人。

当年如此害怕早起的人，您知道我是怎么转变的吗？其实，一个简单的生活习惯，一下子让我起床不那么恼火了。而且，起床后 10 分钟内，我的头脑就已经非常清醒，可以进入高效工作状态了。这个改变我人生的生活习惯，就是"早上起床冲个澡"。

活到 39 岁，我一直生活在日本的北海道。39 岁我去美国留学了 3 年。回国的时候，我下定决心要当一名作家，于是便离开我生活了 39 年的北海道，搬到了东京。因为东京集中了日本大多数出版社，要想走作家这条路，只有去东京。

东京的夏天很炎热，夜晚睡觉时也会热得一身汗。早上起床时，浑身被汗水弄得黏糊糊的，我最讨厌以这种状态开始一天的工作。于是，起床后便去冲淋浴。

结果怎么样？当我冲了 5 分钟淋浴走出浴室的时候，感觉神清气爽，头脑异常清醒，身体也充满了力量。**我擦干身体，换上衣服，就径直走向书桌，坐下来就开始写文章。**当我反应过来的时候，一两个小时已经不知不觉过去了。这段时间里我的思路如泉涌，写出的文章质量极高。

以前住在北海道的时候，我早上没有冲淋浴的习惯。搬到东京后，随着生活环境的变化，我无意间养成了一个改变命运的生活习惯——早上起床冲个澡。

早上起床后先冲个澡，这个简单的生活习惯真的改变了我的人生。冲完淋浴后，我身体上的所有开关都被打开了，整个上午都可以以绝佳的状态进行工作。

以前坚信自己是"夜晚活跃型"的我，竟然一举变成了"早上活跃型"，起床后就可以高效率地投入工作。与以前相比，我感觉自己一天的时间多了至少 3 个小时。

● 早上起床冲淋浴让大脑复苏的医学原理 ●

那为什么早上起床后冲个澡能让人的大脑和身体都苏醒过来呢？

其实这个问题从医学的角度是可以解释的。早上起床后冲个澡能让控制我们身体的"夜晚神经"(放松神经)——副交感神经退居次要位置,把主导权交给"白天神经"(活动神经)——交感神经。

白天,我们身体内的交感神经处于主导地位,体温比较高,心跳、呼吸速度都比较快,以便我们进行活动。而到了晚上,副交感神经就占据了主导地位,我们的体温下降,心跳、呼吸速度放缓,身体活动性降低,为睡眠做好准备,以便消除白天活动造成的疲劳。

有些朋友早上起床后大脑还是昏昏沉沉的,这就说明身体和大脑还处于副交感神经的控制之下。也就是说,虽然已经醒了,但不管身体还是大脑,仍被"夜晚神经"所支配,并没有做好活动的准备。

那么,早上起床后该如何把副交感神经控制切换到交感神经控制呢?

其实方法也很简单。当交感神经处于主导地位的时候,人的体温升高,心跳、呼吸速度加快。

反过来说,如果能提高体温,加快心跳、呼吸的速度,自然就让交感神经处于主导地位了。

而早上冲个温水淋浴,就可以提高体温,加快心跳和呼吸速度,增进血液循环。只需5分钟的温水淋浴,就可以轻松切换副交感神经与交感神经的地位。

为了激活交感神经,水可以稍微热一些,但也不能太烫。

一年365天,我几乎天天早上冲淋浴。如果不冲淋浴的话,上午我就写不出好文章。那样的话,我感觉整个上午将近3个小时的"黄金时间"就都在浑浑噩噩中度过了。这个时间损失对我来说简直难以承受。所以，**我每天早上会花 5 分钟时间冲淋浴，以换来 3 个小时的高效率工作时间。**

投资 5 分钟，换回 36 倍的高质量工作时间。还有比这更划算的时间投资吗？

除了温水淋浴，还有其他方法可以唤醒交感神经。比如运动，早上散散步、慢跑，都是不错的运动。

但是，对于长期"起床困难"的朋友来说，突然让他早早起来出去跑步、散步，恐怕也很难做到。那不如换个简单的方法，起床后冲个温水淋浴。先养成这个习惯，等以后起床没那么困难了，再考虑运动的事情。

● 【超轻松起床术 2】开着窗帘睡觉 ●

"今天起床真舒服，头脑很清醒。从窗子照进来的阳光，让我感觉暖烘烘的，真是一个无比美好的早晨！"那天早上起床时的感受，令我至今记忆犹新。

那个时候的我，早上起床还很困难。可是唯独那一天，我早上醒来时的状态与往日不同，感觉非常舒服。所以我对那一天的记忆非常深刻。

我反思良久，终于找到了其中的原因。前一天晚上，我和朋友们去喝酒，回来很晚，又很困，就直接上床睡觉了，把拉窗帘的事情完全忘到脑后了。于是，我就开着窗帘睡了一夜。第二天早晨，阳光透过窗子射进屋里，照在我的身上，让我感觉异常舒服。我想，这阳光正是让我头脑清醒的原因。

从那以后，我就养成了睡觉不关窗帘的习惯。于是，每天早晨起床不再困难，一睁眼，就感觉神清气爽，翻身就可以下床了。而且，整个上午人的状态都很好，工作起来进度特别快。

"起床冲个澡"和"开着窗帘睡觉"，这两个习惯组合起来，就让我由一个"夜晚活跃型"的人完全转变成了"早晨活跃型"的人。

在大多数人的心目中，认为睡觉必须拉上窗帘。特别是对于女性来说，敞开窗帘睡觉，还会带来安全上的隐患。所以大家看到我建议敞开窗帘睡觉，大多会感到不可思议。

但是，打开窗帘睡觉好处确实也很多。早上，让初升的太阳照进屋来，就可以把我们自然唤醒，根本不用闹钟。而且，这样醒来大脑不会昏昏沉沉。

● 早晨，给大脑发出指令的物质是什么 ●

为什么敞开窗帘睡觉，早上醒来的时候就会很清醒?

因为早晨的阳光洒在我们身上，可以促进我们脑内一种名叫血清素的神经递质的分泌。

血清素，是一种控制我们睡眠和清醒的神经递质。早上太阳升起来，当温暖的阳光进入我们视网膜的时候，就会把这个刺激传导到位于脑干的"缝线核"。然后大脑开始合成血清素。

如果把我们的大脑比作一个管弦乐队的话，那么血清素就相当于指挥家。它掌管着我们的睡眠和清醒，也就是一天的生活规律。

欣赏过交响乐队演奏的朋友可能都有印象，前面的指挥家把手里的指挥棒一挥，乐队才开始演奏。早上醒来，就相当于大脑这个乐队开始演奏，阳光的刺激相当于一个暗号，缝线核把指挥棒一挥，**发出"开始合成血清素！"的命令，我们一天的生活就这样开始了**。

早上太阳初升，我们脑内开始合成血清素，随后血清素的分泌越来越旺盛。但从下午开始到晚上，血清素的活力逐渐降低，为我们的休息做准备。在睡眠中的非快速眼动睡眠状态下，血清素几乎是不分泌的。

早上，当我们的大脑开始分泌血清素的时候，我们就会对自己说："今天也要加油哟！"此时，我们的身体充满了力量，心中也做好了奋斗的准备。这个时候如果交给我们一项工作，我们马上就能全身心投入其中。

●血清素分泌过低，人会患上抑郁症●

人体血清素分泌不足的话，心情就变得很郁闷。早晨醒来，如果感觉"今天什么也不想干""不想钻出被窝""就想这样一直躺着",那很有可能就是体内血清素分泌不足,或者血清素神经的机能比较弱。

早上不清醒的人损失会很大

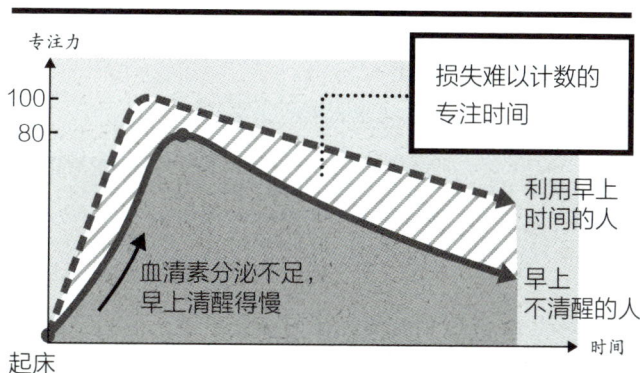

专注力

100
80

损失难以计数的
专注时间

血清素分泌不足,
早上清醒得慢

利用早上
时间的人

早上
不清醒的人

起床

时间

血清素神经机能减弱,如果长期持续下去的话,血清素的分泌状况就会不断恶化,最后有可能导致人患上抑郁症。作为一名神经科医生,我的临床经验是,抑郁症患者大多有一个共同的特征,那就是"早上起床困难"。连被窝都不想出,当然也就没有精神,缺乏活力,没有兴致做任何事情。

我们睡觉的时候,在快速眼动睡眠状态中,血清素神经基本上是停止活动的。也就是说,**当我们早上刚醒来的时候,脑内的血清素浓度接近于零**。所以,早上醒来时"感觉浑身没劲""不想起床""还想再躺一会儿",也是自然的反应,因为脑内几乎没有血清素。

如果关闭窗帘睡觉，早上当我们被闹钟吵醒的时候，视网膜没有接收到光的刺激，脑内的血清素浓度几乎为零，所以醒来时的感觉很不好。

但如果打开窗帘睡觉情况又会如何呢？早上初升的太阳会把阳光送进我们的房间。**即使我们闭着眼睛，光线也会透过眼睑对视网膜形成刺激，缝线核就会下达合成血清素的命令。**

这样，当我们醒来时，脑内已经分泌了一定量的血清素。于是，起床就没那么困难了，连闹钟也用不着了。

●【超轻松起床术 3】不动明王起床术●

如果您通过敞开窗帘睡觉形成自然醒来的习惯，那么就可以不再借助闹钟的帮助。而且，自然醒来后，头脑还非常清醒。

但也有人反映："即使我敞开窗帘睡觉，早上依然起不来……"这可能是比较顽固的"夜晚活跃型"人士。这样的朋友因为长期熬夜、晚起，血清素神经的机能已经比常人差很多。

这样的朋友我给你们一个建议，早上被闹钟吵醒后，不要马上起床，而是睁着眼睛再躺 5 分钟。很多早上起床困难的朋友，早上被闹钟叫醒后，心里总是想："让我再睡 10 分钟，哪怕 5 分钟也好！"然后又闭上了眼睛。这个时候，您需要一点忍耐力和自制力，不要让自己再闭上眼睛。

血清素的合成,需要"日光"的刺激。照度在 2500 勒克斯以上的光,照 5 分钟以上,血清素就开始合成了。只要不是采光很差的房间,敞开窗帘睡觉,在早上太阳升起的时候,室内的照度完全可以达到 2500 勒克斯以上。

也就是说,在阳光能够照进来的房间里,睁开眼睛 5 分钟以上,血清素自然就开始合成了。

"不想起床""慵懒"的心情会被自然而然地置换成"神清气爽""朝气蓬勃"的心情。这种方法的效果真的很好,您一定要尝试一下。

如果您觉得醒来后睁开眼睛躺 5 分钟有点长,那 3 分钟也行。或者睁开眼睛只保持 1 分钟,您就会发现"不想起床"的心情很快就消失了。

拿我来说,醒来后只需睁开眼睛躺 1 分钟,头脑就能清醒过来。这 1 分钟我会用来思考"今天一天我要做点什么呢",同时还会想象我又将度过美好的一天。

佛教中有个叫不动明王的菩萨,他双目圆睁,一脸愤怒的表情。您醒来后也可以学不动明王的样子,用力睁开双眼,"起床气"就会消失。所以我把这种方法叫作"不动明王起床术"。

尝试一下您就能体会到,醒来后头脑很快就能变得清醒,而且对新的一天充满希望,恨不得马上起来投入工作。

●【超轻松起床术 4】有节奏的运动 ●

早上醒来，要想刺激血清素的分泌、提高血清素神经的活力，晒太阳是必不可少的。其实，除了晒太阳，还有其他一些方法也可以促进血清素的分泌。

有节奏的运动就是其中之一。

所谓有节奏的运动，就是可以和着"1、2、1、2"的节奏进行的运动。

比如，散步、慢跑、上楼梯、扭脖子运动、广播体操、游泳、高尔夫球挥杆练习、深呼吸、大声朗读、发声练习、唱歌等。

为了刺激血清素的分泌而进行的有节奏运动，至少需要持续 5 分钟以上，但也没有必要进行得太久。运动太久的话，神经也会产生疲劳，反而带来不好的影响。

最简单、可操作性强的有节奏运动，莫过于散步了。早上散步是我极力推荐的一个好习惯。早上起床后，建议您到室外散步 15 ~ 30 分钟。这样不仅进行了有节奏的运动，还晒了日光浴，可以得到一箭双雕的效果。

●【超轻松起床术 5】细嚼慢咽吃早餐 ●

上午工作效率不高的人中，有很多都不吃早餐。那些睡到几近迟到才起床的人，根本没有时间吃早餐，草草洗漱一下就得去赶地铁上班。而且，刚起床，大脑和身体还没有清醒过来，也没有食欲。

但是，越是上午不清醒的人，越应该好好吃早餐。

其中的原因就在"咀嚼"上。咀嚼，具有促进头脑清醒的作用。

到现在为止，提高血清素活力的方法，除了"晒日光浴""有节奏的运动"，又多了一个——"咀嚼"。

我们在咀嚼食物的时候，咀嚼肌会有节奏地收缩、舒张，所以，咀嚼也算是一种有节奏的运动，当然可以促进血清素的分泌，提高血清素的活力。

吃东西的时候细嚼慢咽，反复咀嚼，就可以促进血清素的分泌，难道还有比这更简单的方法吗？只要早上好好吃早饭，吃的时候细嚼慢咽，就可以让我们的大脑开始分泌血清素。吃完早饭，不但肚子饱了，有了体力，大脑也切换到了清醒模式，为上午的工作做好了准备。

● 早餐，并不是把食物吃到肚子里就万事大吉了 ●

另外，早晨和上午头脑不清醒的人，也有可能是低血糖造成的。早上起床后的那段时间，是一天中我们血糖值最低的时间段。我们大脑的重量只占体重的 2% 左右，但大脑消耗掉的能量却占人体消耗总能量的 20% 之多。

　　血液中的葡萄糖，就是人脑所需的能量来源。所以，如果人处于低血糖状态的话，那么供应给大脑的能量也会严重不足，大脑自然无法发挥出最高的能力。

　　早晨起床困难，一上午都头昏脑涨的人，可能就是大脑能量供给不足造成的。因此，好好吃早餐是非常重要的，我们需要早餐为身体和大脑提供能量。

　　为提高血清素的活力，早饭怎么吃也有讲究，并不是把食物吃进肚子里就万事大吉。下面就为您介绍一下我吃早饭的方法，其实就是一句话：吃一口，嚼 20 次以上再咽下去。这个方法听起来简单，可并不容易做到。

　　早晨起床困难的人，总是赖床到最后一刻，再不起来上班就要迟到了，只得匆匆起床洗漱。这样就没有多余的时间可以悠闲地吃早餐了。于是很多人 3 分钟就能解决早餐。这么短的时间吃一顿饭，只能是狼吞虎咽。

　　为了吃得快，节省时间，他们的早餐大多是牛奶、麦片、汤泡饭、西式快餐等。这些食物很软，不需要用力咀嚼，所以也难以刺激血清素的分泌。

　　另外，大米饭我建议用糙米，因为糙米更有嚼劲，而且营养更丰富。

● 早晨绝不可以做的一件事 ●

前面我讲了一些早晨的好习惯，养成这些习惯，可以帮我们为一天的工作做好准备。但是，有一件事千万不能在早上做，否则前面的那些努力都将付之东流，让您大脑的"黄金时间"变成"垃圾时间"。这件事就是"看电视"。很多人在吃早饭的时候，会随手打开电视，想利用这个时间来了解当天的新闻，接收更多的信息。

有人认为，"一天的开始，应该尽量多地了解新闻和信息"。也有人把某个电视节目作为上班的时间标准，比如"早间新闻播完，我出门刚好不会迟到"。不过，我不建议您早上看电视。

为什么这么说？早晨看电视，会把我们大脑的黄金时间完全打乱，让专注力荡然无存。

早上起床后，我们大脑的状态就好比"一张收拾得干净整洁的办公桌"。但是，电视节目就是一场"信息风暴"，会向我们大脑中塞进很多有用的、无用的信息。就像把很多资料、文件胡乱地堆放在办公桌上一样。

结果，"整理干净的大脑"一下子变成了"杂乱无章的大脑"。在这种状态下，我们怎么可能维持高度的专注力？

前面我反复说过多次，大脑的黄金时间是在早上起床后的 2 ~ 3 个小时。不过，有些时候我们可以把这个黄金时间延长到 4 ~ 5 个小时。方法就是在"整洁的办公桌"上工作。这个办公桌是指我们的大脑。

也就是说，排除所有杂念和杂事，早晨不要做多种工作，而是全身心投入到一项工作中。这样一来，我们大脑中的作业空间就不会变杂乱。我有的时候就会进入这种状态，当反应过来的时候，发现时间已经到了下午2点。我深深地感叹："没想到自己专注到了这种程度，连午饭都忘记了。"

反过来，如果杂念太多，那么好不容易获得的黄金时间也会瞬间崩溃。

因此，**为了让黄金时间维持更长的时间，早晨我不接收多余的信息，姑且先关闭自己的所有"接收天线"，与外界隔绝，专心工作。**

而且，首先要找出最需要专注力的那项工作，把早晨和上午的时间都分配给它，争取一鼓作气，势如破竹地把它完成。

"最好的早晨"
之四

早晨最高效的工作
方法

● 上班族最后的王牌 ●

虽然我反复强调，早晨起床后的 2 ~ 3 个小时是大脑的黄金时间，应该善加利用，但很多上班族还是认为自己无论如何也做不到。因为早晨起床后，刷牙、洗脸、吃早饭就要花 1 个小时左右，上班路上还要花 1 个小时，赶到公司的时候，大脑的黄金时间已经所剩不多了。

这确实是一个非常现实的问题，那该怎么办呢？难道上班族与大脑的黄金时间注定无缘？其实不然，我推荐上班族朋友采用"提前起床工作术"。

早上提前两个小时起床，在上班高峰期前乘上地铁，在空闲的地铁中还有座位，您可以放松地读书。然后在公司附近找一家咖啡馆，一边吃早餐，一边利用大脑的黄金时间为自己充电。

实际上，平日里早上 8 点左右，如果您到商业街的咖啡馆看一眼的话，就可以看到很多利用上班前的时间充实自己的上班族。

很多人吃完早餐后，就打开参考书、习题集努力学习，为考取资格证书做准备；也有人在学习英语；还有人手指在笔记本电脑的键盘上飞快地敲击着……像这样，已经意识到早晨大脑黄金时间重要性的上班族有很多，他们正在利用这段注意力最为集中的时间"贪婪"地学习知识、技能，或者高效率地工作着。

另外，早晨上班前的时间段还有一个好处，就是电话很少。9 点上班后，客户的电话就多了起来，但 9 点前，基本上不会有工作上的电话。

9 点前，人的专注力很高，而在咖啡馆中外界的干扰又少，所以是实施罐头工作术的最佳场所。**上班前在咖啡馆度过的"2 个小时"的时间，对于上班族来说，是最好的"自我投资时间"。**

从明天起，您也可以尝试着早起 2 个小时，并把这 2 个小时用于自我投资。每天 2 个小时，每周 5 天就是 10 个小时，每月就是 40 个小时，您算一下 1 年多少个小时？起码能多出 480 个小时的自我投资时间。

要想考取什么资格证，480 个小时的学习时间足够了。如果用来学外语的话，这么长时间也可以达到相当熟练的程度。如果用来读书的话，我至少能读 100 本书。

每天下班后再抽时间来学习、充电，是效率最为低下的。因为人已经工作了一整天，无论大脑还是身体都疲惫至极，即使强迫自己坐在书桌前学习，也难以集中注意力。所以，对于上班族来说，要想获得高质量的自我投资时间，只有借助早上的时间，也只有提前起床这一个办法。

● 上班后第一件事该做什么 ●

前面我已经讲过，早上来到工作地点坐在办公桌前，第一件事不要查看邮件。那么，上班后最初的时间里，应该先做什么工作呢？

首先，应该对一天的工作时间进行规划。在时间管理术中，最重要的就是"时间规划"。对专注力要求高的工作，就应该放在专注力强的时间段里做。

所以，我认为上班后的第一件事应该是制作"TO DO 清单"，把今天该做的工作，列一个清单。把一天该做的工作列出来之后，再决定工作顺序，即先做哪件事，再做哪件事，即制作一个流程表。

在"TO DO 清单"中，对于那些需要高度专注力的工作，还要打上"☆"标记。有"☆"标记的工作尽量安排在上午优先完成。

普通的"TO DO 清单"，往往会按照每项工作的"重要性""紧迫性"来安排先后顺序。但在我的时间管理术中，还要考虑一个"专注度"（做一项工作时所需的专注度）因素。

按照以往的时间管理方法，会优先处理"重要性""紧迫性"高的工作，但对于不太重要、不太着急，但需要高度专注才能做好的工作，往往一拖再拖，到最后也没有做。

有一种高度专注的状态叫作"心流"，在这种状态下人就像水流一样顺畅地开展工作。为了进入这种状态，我们必须避免被杂念打乱思绪。比如，在工作的过程中，不要去想"接下来我该做什么呢。"

要是心中总是惦记着"接下来我该做什么"，那么原本集中的注意力就会瞬间土崩瓦解。而且，这种杂念的干扰，还容易让我们放下手中的工作，去挑更加轻松的工作做。

"接下来我该做什么"是一种强烈而顽固的杂念，对专注力具有极大的杀伤力。为了不让这种杂念干扰我们的专注力，让工作能像流水一样顺利开展，我有一个好建议。

那就是把"TO DO 清单"利用好。只要事先制作好"TO DO 清单"，在工作的时候把它放在一眼就能看到的地方，我们就不用浪费时间和精力去想"接下来我该做什么"。当做完一项工作，只要瞥一眼"TO DO 清单"，自然而然就可以顺利进入下一项工作了。

第三章

把白天时间利用到极致的
午后重启术

　　经过一上午的高专注、高效率工作，到了中午的时候，无论身体还是大脑，都会感觉相当疲劳，专注力也降低了不少。这个时候，我有简单易行的方法可以帮您恢复精力、重启大脑。

　　这一章，我将着重为您介绍"专注力的重启术"。

"最好的白天"
之一

外出吃午餐重启术

● 对自己进行彻底修复，为下午储备能量 ●

下午的工作时间该如何高效利用？**主要看您会不会修复自己的专注力**。下午的时间段可以分为"午休时间""下午工作时间"和"傍晚"等。每个时间段都有自己独特的管理方法，如果管理得当，就可以高效率地工作，同时还能创造出更多的自由时间。

要想提高下午的工作效率，"午休时间"的使用方法是重中之重。我所说的午休时间是指从吃午餐到下午上班的这段时间。在这段时间里，您能否让自己疲劳的身体和精神得到恢复，能否将专注力关机重启，将决定整个下午的工作状态。

首先，我问您一个问题，您在哪里吃午餐？

现在的上班族都很忙，总感觉时间不够用，很多人认为"去外边吃午餐太浪费时间了"。所以，他们要么叫外卖，就在自己的办公桌上吃盒饭，要么去公司的员工食堂解决午饭。还有的人一早就买好了饭团或三明治，午休时间一边工作一边往嘴里塞饭团，自己都吃不出味道来。

但我觉得，越是忙碌，就越应该外出吃午餐。为什么这么说？因为外出就餐，是让专注力关机重启的最好方法。

午休时间是恢复专注力的绝佳机会。经过一上午的高强度工作，到了中午的时候人的专注力已经下降了 40% ～ 50%，但如果把午休时间利用好，下午就完全可以将专注力恢复到 90% 左右。

午休时间不善于恢复精力的人将面临巨大的损失

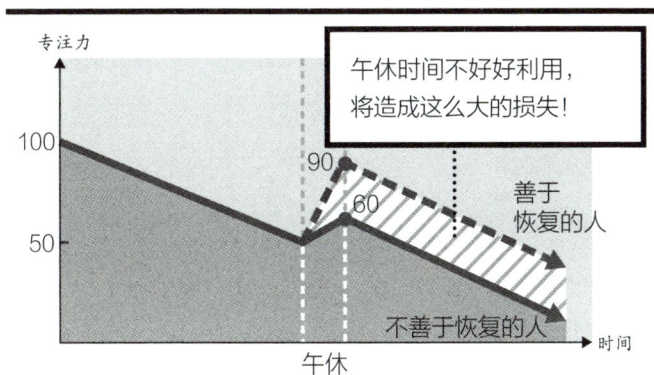

但不会利用午休时间的话，下午的专注力最多也就能恢复到上午的 60% ～ 70%。那么，在下午的工作中，专注力很高的时间也会减少 2 ～ 3 成。午休的 60 分钟利用不好，下午就可能损失 2 个小时！

结果就是在下班时间干不完工作，不得不加班。

拿我来说，上午我会把自己关在房间里高度专注地写作，到了中午，感觉肚子饿了，大脑也疲惫了，便出门去吃午餐。一年之中，我有 80% 的午餐都是在外面吃的。

这就是我所坚持的"外出就餐重启术"。下面就为您介绍这种大脑重启术的科学原理以及具体方法。

●【午餐·重启术 1】血清素让人回归平常心●

外出吃午餐，有助于提高我们体内血清素的活力。血清素是一种跟"治愈心灵""放松心情""回归平常心"息息相关的脑内物质。血清素分泌不足或活力下降的话，人就会焦躁不安，容易发怒，做什么事情都提不起兴致。

一上午都坐在办公桌前高强度地工作，我们的血清素活力就会下降。

所以，中午的时候我们就需要想办法提升血清素的活力。让血清素复活后，人就会感觉神清气爽，上午压抑的心情也能得到转换，对下午专心工作有很大的帮助。

激发血清素活力的方法很简单，我给您介绍3个简单易行的方法。第二章也介绍过，那就是日光浴、有节奏的运动和咀嚼。

外出吃午餐就可以同时实现上面3个方法。走出公司，步行5分钟左右找一家心仪的餐馆，这个过程就晒了日光浴。步行也是一种有节奏的运动。坐下来细嚼慢咽地享用午餐，就做到了充分咀嚼。这一系列过程就能充分提升血清素的活力。

要注意一点，光吃饭、咀嚼还是不够的，**一定要走出去晒太阳，在太阳下散步一段距离**。

有些上班族朋友，午休时间就乘坐电梯到大厦一楼的餐馆充饥。这样做对恢复专注力没什么益处。因为这样既没有晒到太阳，也没有充分地运动。

阳光、运动、咀嚼都很重要。即使不想去餐馆，至少也要走到街上找家便利店买份盒饭吃。如果从家里带了便当来，也不要在办公室吃，最好走到附近的公园里找个凳子坐下来慢慢吃，还能体验野餐的情趣。这样做既经济又能提升血清素的活力，何乐而不为呢？

大多数公司的午休时间一般只有 1 个小时，利用这段时间到阳光下走一走，细嚼慢咽地吃顿午餐，就有提高血清素活力的效果。

如此简单的方法，我想谁都可以做到，它们能复活专注力，为下午的工作做好充分的准备。

● 吃饭细嚼慢咽有助于提高血清素的分泌 ●

那么，午餐吃什么食物对恢复专注力的效果更好呢？

关于吃什么，如果从营养学的角度来说，那就太多也太复杂了，今天我不涉及营养的问题。我主张午餐的食物要有一定的"嚼劲"。

从便利店买来的松软面包就不好，因为它没有嚼劲，无法充分刺激咀嚼肌。还有各种快餐面条，我们一般只嚼两下就吞入腹中了，对于刺激血清素的分泌也没有多大作用。

除了食物要有嚼劲，一顿饭还要咀嚼 10 分钟以上，才能有效提高血清素的活力。所以吃午饭的时候不要太匆忙，细嚼慢咽是关键。

另外，当我们在做有节奏的运动或咀嚼时，尽量不要同时使用语言机能。因为掌管语言机能的大脑区域活动时，提高血清素活力的效果就会变弱。所以，**最好不要一边吃饭，一边读书、说话、工作或思考太多问题**。

吃饭的时候，就专注于吃饭。多吃有嚼劲的食物，一顿饭咀嚼 10 分钟以上，就能刺激血清素的分泌并提高它的活力。

●【午餐·重启术 2】提高记忆力的"场所神经元"●

散步、移动、改变场所等，对大脑都有很好的帮助。因为通过移动、改变场所，可以激发人脑内"场所神经元"的活性。

场所神经元存在于我们大脑的海马体中，是负责掌管场所、空间的神经细胞，也是一种记忆细胞，让我们记住自己在什么地方。

场所神经元被激活后，整个海马体都会活跃起来，记忆力也随之增强。"一边走路一边学习，记忆更加深刻"，这个现象已经得到了脑科学的证实。

打一个通俗的比喻，海马体就是暂时保管记忆的临时存储器。输入我们大脑的所有信息，都会被临时储存在海马体中。

无论学习还是工作，都需要用到海马体。换句话说，如果**海马体活跃的话，记忆力就强，学习、工作的效率更高，效果更好**。

当我们来到陌生的地方时，场所神经元就会异常活跃。

所以，午休时间外出就餐的话，我建议大家尽量选择没去过的餐馆。一些不常去的小巷子，也有很多好吃的餐馆，另外，新开的餐馆也可以挑战一下。

•【午餐·重启术 3】乙酰胆碱可以帮助我们"灵光闪现"•

有些朋友外出用餐时，总喜欢去常去的餐馆，点熟悉的饭菜。也有的朋友喜欢新鲜事物，听说有新餐馆开张，肯定要去尝试一下。经常外出就餐的朋友，基本上分为两种：一种是"老口味派"，另一种是"尝鲜派"。您属于哪一种类型呢？

去熟悉的餐馆，点常吃的饭菜，肯定不会出问题，不会遇到特别不合胃口的情况，但也不会得到什么惊喜。虽然这样也不错，但从重启专注力的角度来看，选择新餐馆、尝试新菜品更有助于提高大脑的活力。

当人采取和以往不同的行动时，脑内的乙酰胆碱会活跃起来。

拿"墨守成规"和"勇于尝试"两个词做比较可能更好理解。墨守成规，总是按照老规矩办事，虽然可以给人带来安全感和安心感，但大脑也不会受到新的刺激。

但是，大胆尝试新鲜事物就不一样了。比如："这家餐馆是新开的，不知道他们的菜好不好吃，但我还是想挑战一下。""这道菜我从没吃过，也许不好吃，但不吃一次怎么知道它的味道呢？"这样积极地尝试新鲜事物，可以激活我们脑内的乙酰胆碱。

乙酰胆碱对于"灵感"和"创新"有着至关重要的作用。也就是说，创造性工作，比如设计策划案、艺术工作、写作等，都需要大量的乙酰胆碱。

所以，午休的时候我们一定要想方设法刺激乙酰胆碱的分泌。其实方法也很简单，就是采取与以往不同的行动，新鲜的尝试就可以提升乙酰胆碱的活力。这样就可以一扫上午沉闷的心情，让大脑处于兴奋、活跃的状态，为下午的工作提供智力上的支持。

"最好的白天" 之二

让大脑重启的小睡技巧

● 从脑科学角度来分析小睡的好处 ●

当上神经科医生的第二年，我到了北海道旭川的医院工作。

那家医院是北海道的一家重点医院，也可以说是北海道最忙的一家医院。也许您觉得神经科不像外科、内科那么忙，那您就错了，我在门诊每天都要接诊很多患者。神经科门诊，一上午接诊 30 名患者已经算饱和了，但我所在的那家医院，一上午要接诊 50 名以上的患者！为一位患者诊疗需要 5 分钟，50 名患者需要 4 个多小时。您可以想象一下连续 4 个小时高强度的工作是怎样一种体验。

神经科的诊疗，不过是让患者坐在椅子上，我和患者对话、询问，看起来很简单，但我必须全神贯注地听患者的谈话，从患者谈话的内容中找到有关病情的蛛丝马迹。那种精神上和体力上的疲劳超出一般人的想象。

下午 1 点半，才能结束全部患者的诊疗，然后我才能吃午饭。吃过午饭我就立刻躺倒在沙发上，因为疲惫，这一躺下就再也不想起来了。可是，下午我还必须去住院部进行巡诊，这种筋疲力尽的状态如果不能得到改善，下午我是无论如何无法再去工作了。

在这种情况下，我采用的恢复方法是午睡 30 分钟。午休时间只有 1 个小时，吃过午饭后，剩余的时间我全用来睡午觉。午睡的时间也只有半个小时。

可是，仅仅 30 分钟的午睡，就可以让我的大脑和身体得到充分的恢复。我刚走上工作岗位的那几年，每天就是靠这 30 分钟的午睡支撑着。

在 25 年前，午间小睡对于消除疲劳的效果尚未得到科学上的完全证实。但随着脑科学的不断发展，现如今，科学已经证明午睡对于消除身体和大脑的疲劳具有绝佳的效果，而且，午睡还有预防某些疾病的功效。

午间小睡可以改善注意力、记忆力等大脑的整体机能。美国 NASA 的研究表明，中午进行 26 分钟的小睡，可以让下午的工作效率提高 34%、专注力提高 54%。

在美国，很多企业已经设置了午睡室或专门的睡眠机器，来帮助员工午休。比如 Google 和 Nike 等大企业。

日本的厚生劳动省曾经制定了一部《有利于国民健康的睡眠指南》，但到 2014 年已经有 11 年没有修改过了。不过，就在 2014 年，厚生劳动省终于对这部《有利于国民健康的睡眠指南》进行了修订。其中有一段是这样写的：

"下午的困倦，会给员工的工作造成诸多障碍，而午睡可以显著改善这一问题。中午进行 30 分钟以内的小睡，可以有效提高下午的工作效率。"

可见，午睡的作用已经引起了足够的重视。

● 最佳的午睡时间为 20 ～ 30 分钟 ●

午间小睡，对于恢复大脑的机能具有重要作用。但午睡睡多久最好呢？科学界对于午睡进行了各种各样的研究，最后大多数科学家认为，20 ～ 30 分钟的小睡效果最好。

午睡如果超过 30 分钟，恢复大脑机能的效果就会逐渐变差。超过 1 个小时的话，甚至还会对健康造成不良影响。

午睡超过 1 个小时的话，人就会进入深度睡眠，醒来之后大脑也无法马上发挥正常机能。另外，午睡太久，会影响到晚上的入睡，是造成失眠的原因之一。

午睡一定要在下午 3 点之前醒来。如果 3 点之后还没醒，晚上就可能睡不着了。

虽然午睡睡太久会影响健康，但如果能够控制在 30 分钟以内，可以将阿尔茨海默病的发病率降低到普通水平的 1/5。科学家已经通过研究证明了这一点。但是，如果午睡超过 1 个小时，那么阿尔茨海默病的发病率将升高 2 倍。

对于工作的男性来说，每周进行 3 次以上的午睡，每次控制在 30

分钟以内，那么死亡率将降低 37%，因心脏病而导致的死亡率更会降低 67%。

适当的午睡对预防糖尿病也有好处，每天午睡 30 分钟的人，患糖尿病的风险会降低。但反过来，午睡超过 1 个小时，患糖尿病的风险则会升高。

综合上述数据，我们可以看出，每天午睡不超过 30 分钟，可以很好地恢复身体和精神的疲劳，还能有效预防阿尔茨海默病、心脏病、糖尿病等慢性疾病。但是，午睡超过 1 个小时，对健康就不利了。

● 健康的午睡方法 ●

现在为大家介绍对健康有利的午睡方法。最理想的午睡场所还是能够平躺的床，但在办公室中恐怕没有这样的条件。不过，坐在椅子上或趴在办公桌上小睡一会儿，也有不错的恢复效果。

另外，我建议大家在午睡前适当喝点咖啡或茶水。咖啡因会在 30 分钟后发挥效力，所以小睡 30 分钟后就会自然醒来。

1 个小时的午休时间，前半个小时用来外出吃午饭，剩余的时间用来小睡，刚好能够睡 20 ~ 30 分钟。

我这个人没有午睡的习惯，但很疲劳的时候、睡意袭来的时候，我就小睡 20 分钟。就是什么时候困了什么时候睡。

身体疲倦、大脑昏沉的时候，工作效率肯定低下，这个时候如果强迫自己继续工作，不但进展缓慢，而且还浪费时间。所以，当您感到很疲惫的时候，就不要勉强自己再工作了。赶紧小睡一会儿，虽然只有二三十分钟，但醒来后您会发现自己的体力、脑力、专注力都能得到极大恢复，工作起来不仅不累，效率还很高。

"最好的白天"
之三

下午的重启工作术

● 下班之前的最后冲刺 ●

下午2点到4点的这段时间，人最为疲倦，午餐后涌起的睡意、高强度工作造成的疲劳都会在这段时间集中爆发出来。这段时间是一天之中工作效率最低的阶段。

根据日本交通部门对事故的统计数据，因困倦发生的交通事故，多发生在凌晨3点到4点和下午2点到4点。这一现象不仅出现在日本，世界各国的统计数字都有相似的趋势。

也就是说，**下午2点到4点，从生物学角度来说是人清醒度最低的时段，容易犯困**。清醒度低，就意味着专注力低，工作效率不高。

但过了下午4点之后，我们心中又会涌起一股紧迫感，心想："就快下班了，今天不能就这样结束了！"在这股紧迫感的作用下，我们又能把注意力高度集中起来，高效率地投入工作。

从另一个角度来说，只有下午2点到4点这段时间人的专注力和大脑机能最低，如何把这段时间高效利用起来，就成了时间管理术的重中之重。

如何克服下午那段容易犯困的时间？我有一套"下午重启术"要教您。

下面即将介绍的"下午重启术"其实是"专注力降低时恢复专注力的方法"，所以它并不局限于下午时间。上午疲劳的时候可以用，晚上加班时也可以用，都很有效。

●【下午重启 1】运动重启术 ●

如果让我举出一个最简单有效的恢复大脑活力的方法，我会毫不犹豫地说："运动！"只需 10 分钟的运动，就可以提高多巴胺、去甲肾上腺素、血清素等脑内物质的浓度，可以让您在接下来的 90 分钟里一直充满能量，专注力和学习、工作效率将大幅提高。

不仅如此，做事情的欲望也会提高，还能克服焦躁的心情，让您平静地投入到学习、工作中。

"工作疲惫了就去运动一下吧！"我这么说恐怕没人买账。因为对于上班族来说，工作都在办公室里，去哪儿运动啊？其实我所主张的重启大脑运动，对场地的要求很低，而且仅运动 1 分钟也能得到很好的效果。

比如，在公司大厦里爬几层楼梯。也许有人认为，这种程度的活动根本算不上运动，但您可以用冲刺的速度试试，保证您会气喘吁吁，头脑和心情肯定会焕然一新。

　　还有一项对场地没有要求，时间短、强度大的运动，那就是深蹲。再小的办公室也容得下一个人做深蹲，慢蹲慢起 10 次，就可以明显感觉到大腿肌肉的紧张，没准还会出汗呢。

　　总而言之，长时间伏案工作，会让疲劳不断累积，专注力也会下降。所以当您感觉到自己"专注力下降""工作进展缓慢"的时候，不妨离开办公桌在公司里随处走一走，或做几组深蹲。有意识地运动身体，可以有效转换心情，提高专注力。

●【下午重启 2】更换场所术●

　　在讲外出吃午餐的时候我曾提到过，变换场所可以激发我们大脑中场所神经元的活性，进而提高海马体的活力，让大脑机能得到恢复。

　　其实，不仅限于外出就餐，任何时候移动一下，改变场所，都能取得相似的效果。

　　长时间伏案工作，人很容易疲劳，导致专注力下降。当您在工作的时候感觉"工作难以推进""头脑不够用"的时候，不妨暂时离开办公桌到处走走，距离不一定多长。通过步行，可以提高血清素的活力，还能通过变换场所增强场所神经元的活性，从而实现心情的转换、大脑机能的恢复。

　　比如，去卫生间上个厕所、到公司的休息室沏杯咖啡、走到楼下的自动贩卖机旁买瓶饮料……虽然距离都不远，但也可以改善高强度工作造成的疲劳感。再回来的时候，心情和头脑肯定都轻松了许多。

另外，**改变工作的场所，看一看不一样的景色，同样可以激活场所神经元。**拿我来说，有时下午我回到咖啡馆去写作，但坐了 3 个小时后，我也会感觉疲惫，对一成不变的场所感到厌倦，注意力就没那么集中了。

这个时候，我一般会再找一家咖啡馆去写作。到了新的店里，陌生的环境让我感觉新鲜、好奇，心情又重新振奋起来。再次展开工作时，我的专注力高度集中，效率比之前高多了。因为改变了环境，场所神经元又活跃了起来。

换咖啡馆工作的方法，对于一般上班族来说可能不太现实。但在罐头工作术中我也讲过，上班族可以离开办公室，借用会议室工作。同样可以达到变换环境的效果。

在美国留学的时候，我曾有幸访问过位于达拉斯的美国西南航空公司总部，结果发现了一件令我吃惊的事情。公司总部的会议室竟然有几十间，而且每一间的内部装修、装饰都不一样。而且我听说美国很多公司的会议室都是这样设置的。后来我才恍然大悟，原来**"不同的内部装修 = 不同的环境"，可以刺激人的场所神经元。**场所神经元活跃起来，人的大脑也随之变得灵活，开会的时候就能想出各种好点子，让会议的质量更高。

眼前的风景有所改变，就能对场所神经元形成刺激。所以，当工作造成精神疲劳的时候，可以换个地方工作，如此简单的恢复方法，您一定不能错过。

●【下午重启 3】穿插重启术●

一直坐在办公桌前工作，随着时间的流逝，我们的专注力会下降，还会出现肩膀酸、脖子痛、眼睛干涩等不舒服的症状，这都是疲劳累积所造成的。

长时间做"同一项工作"，是最消耗体力、脑力，降低专注力的。

这个时候，我们可以改变一下工作内容，穿插一些其他工作。

比如说，可以把会议放在工作中间。

伏案工作 1 个小时后，可以安排一场 30 分钟的会议，然后再回去工作 1 个小时。这样一来，30 分钟的会议就成了一种"转换心情"的手段，也算得上是一种休息。

同样是 30 分钟的会议，如果放在上午开，它就是"偷时间的贼"，而放到下午开，就变成了"转换心情"的好方法。

除了开会，打电话问候客户、整理资料、复印文件、发送文件、思考创意（创造性工作）、对部下进行工作指导、发送和回复电子邮件等，都可以作为穿插工作，用来转换心情、重启大脑。

也许您已经发现，这些穿插于主要工作之间的工作，对专注力的要求都不太高。

这样的工作，只要不是十分紧急，尽量不要安排在上午做。因为上午时间人的专注力更强，做这种工作太浪费了。把它们放在下午做，而且是穿插于主要工作之间，则可以起到良好的辅助作用，帮我们缓解疲劳、提高工作效率。

●【下午重启 4】小憩重启术 ●

下午的工作更容易疲劳，毕竟已经工作了一上午，午休时间虽然能恢复一部分体力和脑力，但工作状态也远不如上午。为了防止专注力过度涣散，下午工作的时候，我们应该注意休息，在感到疲惫之前就小憩一会儿。

我们不应该努力到极限，实在坚持不下去了再休息，而应该工作 45 分钟左右就主动休息 5 分钟。前面讲过专注力也有波峰和波谷，专注力还没下降到波谷之时，我们就该休息了。

马拉松运动员比赛的时候，都会在喉咙感到干渴之前就喝水。因为当喉咙感到干渴的时候，说明身体已经出现了脱水的倾向，那时再补充水分已经太迟了。

大脑的休息也是同样的道理，当工作到大脑已经昏昏沉沉时再休息，那短时间的休息是无法恢复的。可上班的时候又不可能长时间休息。为防止出现这种情况，一定要在感到疲惫之前主动休息，这时不用休息多长时间，就可以充分恢复脑力。

●最不好的休息方法是什么●

　　说到工作中的休息时间，您一般都做些什么呢？这个时候，我想可能很多年轻朋友的放松方式都是玩智能手机吧。

　　一到休息时间，大家就迫不及待地掏出手机低头玩起来，有的看微博、微信，有的玩游戏。

　　但我非常遗憾地告诉大家，从脑科学的角度来说，休息时间玩手机是最不好的习惯。因为玩手机，不但不能让大脑休息，还会让大脑更加疲劳。

　　人类的大脑，处理视觉信息就要占用 90% 的机能。所以，面对电脑工作的人，仅仅是处理视觉信息就已经相当疲劳了。看、读等行动，会给大脑造成相当大的负担，因此在休息的时候，应该尽量将自己从视觉信息中解放出来。

　　我们的大脑还有一个特性，光的刺激会使大脑兴奋起来。玩手机游戏时，不停闪烁的屏幕就会让大脑持续兴奋而无法休息。

　　由此可见，休息的时候一定不要玩手机游戏。手机游戏让大脑兴奋，根本得不到休息，反而会更加疲惫。

　　从我的"神之时间管理术"的角度来看，如果不能让大脑的专注力得到恢复，那就算不上休息。如果休息之后，大脑比休息之前还昏沉，还无法集中注意力，那这个休息就是失败的。休息的时间浪费了，而且还得花更多的时间进行休息。如果玩手机休息 10 分钟，那之后可能要损失1个小时的专注时间。

● 让脑力得到恢复的终极休息法 ●

那么，到底该怎么休息才能让大脑得到真正的休息，让脑力得到恢复呢？

我先问大家这样一个问题，您平时怎么做才感觉最放松、最舒服呢？您可以尽量多地列举让自己放松的方法。

听音乐、闻香薰精油、吃美食、泡个热水澡、蒸桑拿、按摩、听河水流淌的声音、晒太阳、爱抚宠物……我想上述方法可能是朋友们喜爱的放松方式。可是您发现没有，这些方法都有一个共同的特点，就是五感之中，都没有用到"视觉"。

听音乐、听河水流淌的声音，用的是"听觉"；吃美食用的是"味觉"；闻香薰精油用的是"嗅觉"；泡热水澡、蒸桑拿、按摩、爱抚宠物等用的是"触觉"。不管用哪种感觉，就是没有视觉。这正是放松方法的共同特征。

不用视觉，转而刺激其他感觉，能够使人感到放松，也就使大脑得到休息。

虽然有这么多放松的方法，可是白天上班的时候，能做的估计也只有"听音乐"一项罢了。

但实际上，还有一种方法更加简单有效，无论工作中还是其他什么时候、什么场所，都可以做。那就是"闭目养神"。**只要闭上眼睛，就可以阻断视觉信息的输入，让大脑进入休息模式。**

科学家通过分析人的脑电波发现，当我们睁开眼睛的时候，脑电波以 β 波为主，β 波是一种高频率的脑电波。而闭上眼睛的时候，脑电波中就开始出现低频率的 α 波。α 波使人放松。

工作感到疲惫的时候，可以找一条冷毛巾，敷在眼睛上闭目养神。也可以趴在桌子上闭眼休息一会儿。

闭目养神的一个要点是头脑要放空，什么都不想。从脑科学的角度来说，这就是最为简单易行的休息术。

除了闭目养神以及前面列举的那些休息大脑的方法外，还有很多好方法。比如，和同事聊一聊工作之外的闲事，活动一下身体（做体操、在公司里到处走走、转转脖子、扭扭腰等）。您可以在感到疲惫之前，将这些方法组合起来进行休息，尝试一下您就知道我没有骗人了。

● **一流企业纷纷引进的"正念"之术** ●

还有比闭目养神更有效果的休息方法，您想知道吗？

那就是**"冥想"或"正念"**（冥想的一种变形）。

在美国，Google 和 Nike 等一流大企业非常重视冥想、正念等效果显著的休息法，它们也在积极地引进这些方法，帮助员工在工作中重启大脑，以便更高效地工作。

最近，关于冥想的效果，科学界掀起了一股研究热潮。结果科学家发现，冥想的作用确实有很多，比如，冥想可以提高人的专注力、创造力、记忆力；可以缓解精神压力，减少不安和焦虑感；还能提高人的共感能力，学会关心他人、体谅他人。

休息时间如果利用冥想让大脑放松的话，那么接下来的工作中，人的专注力会非常集中。从有利于提高专注力、高效工作的角度来看，冥想也是一种不可多得的休息方式。

关于冥想或正念的具体实践方法有很多种，我在这里很难用几句话给您讲清楚，要说清楚的话，至少需要写一本书。所以，对冥想或正念感兴趣的朋友，我可以为您推荐两本书。关于冥想的，您可以去看《最好的休息方法》（久贺谷亮著，钻石社）；关于正念之术的，您可以参考《正念的教科书》（藤井英雄著，Clover 出版社）。

●【下午重启 5】5 分钟小睡法 ●

下午工作的时候，您是否被强烈的困意困扰过？我想大多数上班族到了下午都有类似的困扰，但是很多人选择喝杯咖啡或嚼块口香糖提神，然后凭借"坚强"的毅力继续坐到办公桌前埋头苦干。其实，我觉得这时候不必勉强自己继续工作，不如停下来小睡 5 分钟。

您可别小看这 5 分钟的小睡，它可以带来不可思议的效果。5 分钟一到，您睁开眼睛，就会发现之前的困倦感已经消失无踪了。

我们人类的清醒度有一个周期，一个周期大约是 90 分钟。关于生物钟，我在前面的章节中已经讲过。**当您感觉强烈的困意来袭时，正是体内生物周期处于波谷的时候，也就是清醒度最低的时候。**

这个时候，无论是专注力还是各种大脑机能，都处于最低的状态，即使勉强自己继续工作，也难以取得理想的效果。

在长时间驾驶汽车的时候，当驾驶员感到强烈困意的时候，更不能勉强自己继续驾驶。这也是生物周期进入波谷造成的，此刻人的清醒度最低。如果继续驾驶，造成事故的概率很大。所以此刻驾驶员的正确选择应该是立刻靠边停车，小睡 5 分钟，然后再开车上路。

困意最强烈的时候，也就是清醒度最低的时候，说明生物周期正处于波谷。但进入最低点之后，就该开始缓慢回升了。换句话说，再过一会儿，人的清醒度就该慢慢回升了。所以，在波谷的时候，只需 5 分钟的小睡，就可以顺利度过这个最低点，醒来后困意就会消失。

在最困倦的时候，通过 5 分钟的小睡，我们顺利进入清醒度上升的波形中，然后就可获得 90 分钟的清醒时间。

"最好的白天" 之四

下午的工作方法

● 【下午的工作方法 1】确定离开公司的时间 ●

下午 4 点过后，人的专注力又会有所回升，进入一波新的工作小高潮。因为我们意识到即将下班，会抓紧不多的时间做最后的冲刺。为了进一步提高下班前这段时间的工作效率，我向您推荐"下午的工作术"。

美国人有晚上和家人一起共进晚餐的习惯，为此，他们必须在下午 5 点前完成工作，按时下班。关于美国人的这个习惯，我已经在序章中讲过了，这个习惯中就隐藏着美国人生产率高的秘密。

下午 5 点前必须完成工作，这是美国人回家吃晚饭的绝对前提条件。为了达到这个目标，上午也好下午也罢，美国人会以最高的专注力全身心投入工作。

也就是说，美国人在上班时间的工作密度和强度相当大。这都是因为他们每天都为自己设置了"时间限制"——下班就回家。

日本人则不同，从一开始日本人的头脑中就盘旋着一个想法："工作做不完的话，可以加班啊。"正因为存在这样的想法，所以日本

人的注意力总是难以集中，工作效率低下，拖拖拉拉，不知不觉之间就到了下班时间，可工作还没有做完。

不过最近，日本也有一些企业引入了"零加班"制度，鼓励员工"按时下班""零加班"，公司员工的总体工作时间大幅减少了，可现实中很多"零加班"的公司业绩却比以前提高了。"零加班""按时下班"虽然使员工工作时间缩短，但工作效率却大幅提升，结果完成的工作无论质还是量都有所提高。

也许您所在的企业还没有实行"零加班"制度，但您可以自己要求自己"按时下班"，借此来提高专注力和工作效率，在上班时间内把工作都做完，就可以按时回家和家人团聚了。

像美国人那样"5点下班"对您来说可能不现实，您可以选择"6点下班"或"7点下班"呀。总之，**就是要通过决定离开公司的时间，来给自己设置一个时间限制，要求自己在这个时限内完成工作，养成高效率工作、按时回家的习惯。**

●【下午的工作方法2】战略性"后有约定"工作术●

第一章为大家介绍过"后有约定"工作术，其实就是一种强制性时间限制的工作方法。

其实，"后有约定"工作术每天都可以应用在工作中。

　　我举个例子，假设有一个上班族 A 君每天都要加班到晚上 9 点甚至 10 点。突然有一次，别人给他介绍了一个女朋友，约定今天晚上 7 点钟见面。为了准时赴约，A 君必须要在 6 点半前完成工作赶赴约会地点。结果，A 君为了自己的终身大事，白天拼命地工作，专注力高度集中，以往晚上 9 点、10 点才能干完的工作，这一天傍晚 6 点半前就干完了。

　　如果晚上没有约定的话，人就会产生惰性心理，"反正晚上也没事，白天干不完就加班干呗"。结果白天拖拖拉拉的，最后真的不得不加班。

　　所以，**如果晚上有重要的约定，我们就能提起精神专注工作，尽早下班赴约**。

　　如果每天都能实施"后有约定"工作术，那么每天的工作效率都会提高。

　　拿我来说，我经常会在白天通过网络购买晚上的电影票，一般都买晚上 7 点的电影。

　　买了票之后，不管怎样我都必须得在傍晚 6 点半前把工作处理完，然后吃了晚饭赶往电影院。在网上购买的电影票不能退票，所以如果我不能按时完成工作去看电影的话，买电影票的钱就打水漂了。所以，白天我会拼命工作，为了晚上去看电影。

　　如果只是在心里和自己约定"我要在晚上 7 点前做完所有工作"，

而没有任何制约的话，就不容易守住这个约定。但如果在晚上 7 点加一个不可更改的约定，那我们就不得不在 7 点前完成工作了。这就是我所谓的战略性"后有约定"工作术。这种方法对于提高下午的工作效率尤其有用，您不妨尝试一下。

第四章

把夜晚时间利用到极致的
运动 & 睡眠重启术

　　前面给大家详细讲解了大脑的黄金时间及其使用方法，实际上，我们还可以创造出"第二个"大脑黄金时间，诀窍就在于"运动"。

　　另外，"睡前2个小时"的生活方式，将决定您第二天早上能否发挥出100%的专注力。

　　这一章我将为您介绍"夜晚的重启术"。

"最好的晚上"
之一

运动重启术

● **"将一天时间变成 2 倍"的方法** ●

我有一种时间管理术，可以将一天的时间变成原来的 2 倍。我想，读这本书的朋友都是想高效利用时间的人，听到可以将时间变成原来 2 倍的方法，一定会双眼放光吧。

一天 24 个小时，这对于所有人都是平等的。可是我却说可以将一天时间变成原来的 2 倍，从常识上来看这是不可能的，因此肯定也有朋友会怀疑我。但是我有绝技，而且效果非凡。

起床后的 2 ~ 3 个小时，是大脑的黄金时间。在这段时间里，大脑非常清醒，专注力也最强，工作效率和质量都是一天中最高的。对于以写作为主要工作的我来说，大脑的黄金时间是我最主要的工作时间。

但如果能在其他时间将大脑调整到早上黄金时间的状态，那不是可以享受到第二个大脑黄金时间吗？对于那些以大脑黄金时间为主要工作时间的人来说，这就意味着一天有两个核心工作时间，也就相当于把一天的工作时间变成了原来的 2 倍。

把一天时间变成 2 倍的方法，是大脑的终极重启术。这个方法其实也很简单，就是"运动"。

下午疲惫的时候，如果能够进行 1 个小时的有氧运动，头脑又可以恢复到清醒、活跃的状态。以我个人的经验而言，下午运动后大脑的状态和早上起床后的状态相差无几，注意力异常集中。

● 运动之后就是大脑的第二个黄金时间 ●

我每天写作的时间，会从早晨一直持续到下午。早上最初的两三个小时我的状态最好，写作质量和速度也很高。过了中午，效率就明显降低了。我在咖啡馆吃过午餐后，还会继续写作。但是，下午我就不会写书了，因为写书的要求很高，以下午的专注力难以写出理想的文章。所以下午我一般会写发表在网络杂志、Facebook 等网络媒体上的"轻文章"。但过了下午 3 点，我的专注力也会明显下降，工作效率陷入低谷。

傍晚这个时间段，我会去体育馆做运动。

在体育馆，我做 1 个小时的有氧运动，直到汗流浃背。运动后，我的头脑异常清醒，简直令人难以置信，就和早晨起床后的状态差不多。

运动后冲个澡，我又会赶往附近的咖啡馆，继续投入写作。

虽然已是晚上，但我的写作状态和早上大脑的黄金时间没什么区别。

　　早上的2个小时，我能写满10页稿纸，而傍晚运动后的2个小时，我同样能写出10页稿纸的文章，而且质量也很高。对我来说，一天的工作时间确实翻了一番。

　　在第二章中，我曾向上班族推荐早晨咖啡馆工作术，这样可以为自己创造更多的自由时间。而另一个可以帮上班族创造出高质量自由时间的方法莫过于"下午运动重启术"。

运动可以帮我们恢复专注力

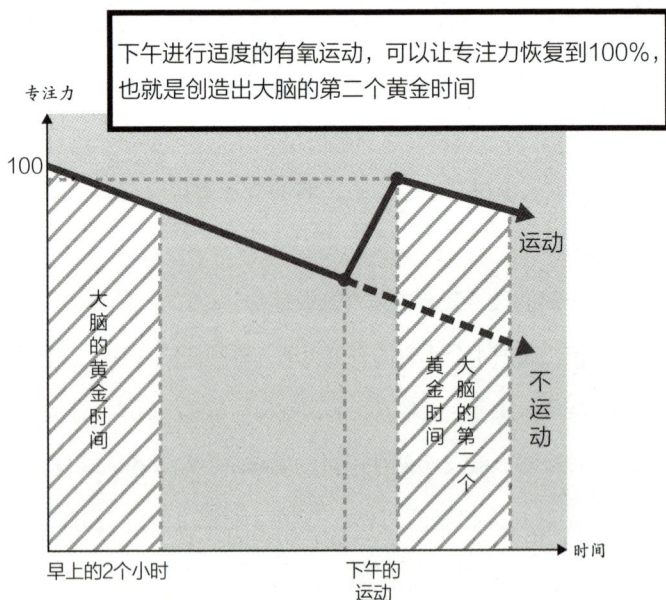

下午进行适度的有氧运动，可以让专注力恢复到100%，也就是创造出大脑的第二个黄金时间

专注力

100

大脑的黄金时间

运动

大脑的第二个黄金时间

不运动

时间

早上的2个小时

下午的运动

● 重脑力劳动者更不可缺少运动 ●

"1个小时的运动就可以让大脑恢复？那纯属你个人的体验吧？"肯定有人会对我的建议产生怀疑。但是，有一位远比我了不起的人物，也是通过运动来重启大脑以便高效地工作。

这个人就是多年获得诺贝尔文学奖提名的著名作家——村上春树。每天运动1个小时，是他雷打不动的生活习惯。

村上春树是怎样创作小说的？答案都在他的著作《我的职业是小说家》里。

在《我的职业是小说家》里，村上春树竟然用了一章的笔墨来写自己的运动习惯。他每天跑步1个小时的习惯，已经坚持了20年以上。下大雨也好、刮台风也罢，都不能阻止他出去跑步。他说自己如果一天不跑步的话，就感觉状态不对，也没法写出满意的文章来。

对于村上春树来说，运动已经成为他文学创作不可缺少的一个前提条件。

每天都要跑步，而且一跑就是20多年，真了不起！可是是什么让他对运动如此执着呢？

恐怕是因为不运动的话，村上春树就写不出好文章来。

村上春树在运动之后写出了打动人心的作品。所以，放在我们一般人身上，要想提高工作的效率和质量，就应该运动；要想修复涣散的专注力，也应该运动！

●运动过度反而会降低专注力●

运动可以帮助我们恢复专注力。估计有朋友会反驳说："我运动之后，专注力也无法集中，而且还会感到很疲惫，根本没力气再去工作。"

其中的原因很简单，就是"运动过度"了。

对我来说，激发大脑活力最合适的运动量在 60 ~ 90 分钟。虽然有的时候我也会进行 2 个小时以上的训练，但结束后身体已经相当疲惫，无法再进行写作了。

另外，运动过量之后，强烈的饥饿感也会随之而来。而适度的运动过后，基本上不会感觉肚子饿。只吃点沙拉就可以解决晚餐，这对健康也是十分有益的。

但运动 2 个小时之后，我总想吃点肉食和拉面，才能平息强烈的饥饿感。结果往往吃多了，弄得自己不舒服。有的时候，傍晚进行激烈的运动之后，强烈的困倦感会不经意地袭来。这是剧烈运动后血糖偏低造成的。

适量的运动，是对身体和大脑的一种平衡调整。但过度运动之后，由于我们十分疲惫，因此身体的恢复就会处于优先地位，于是也就没有多余的能量输送给大脑了。此时，大脑的机能就会十分低下，注意力无法集中，还会出现强烈的困倦之感。

综上所述，"为恢复专注力所进行的运动"，并不是长时间的剧烈

运动，适量、适度最为重要。

每个人的身体条件不同，能承受的运动负荷自然不同，所以要想找到适合自己恢复专注力的运动量，您必须去尝试。您可以尝试各种运动形式、各种运动时长，然后找出最适合的方式。

● 运动对大脑有好处的科学根据 ●

适量的运动可以让自己感觉神清气爽，专注力和工作欲望也会随之增强，相信很多朋友都有过类似的体验。但这种直观的体验有没有科学依据呢？

其实，很多科学家已经通过实验证明了运动对大脑的好处。简单概括一下，运动对大脑的好处主要有以下7点：

1. 增加海马体的神经数量，强化长期记忆。

运动可以促进 BDNF 的分泌，从而加快神经细胞的增殖。

2. 促进大脑发育。

运动可以增加脑容量，增加神经突触之间的网络连接。

3. 运动后人的学习能力会有所提升。

人在跑步机上跑 35 分钟，之后马上测试，结果发现人的认知能力、学习能力都有所提升。

4. 头脑变灵活了。

科学家对于"爱运动的人"和"不爱运动的人"进行了长期记忆、

推理能力、专注力、解决问题的能力、流动性认知能力等方面的测
试，结果发现"爱运动的人"成绩都要优于"不爱运动的人"。

5. 提高作业记忆能力。

人在运动后的作业记忆能力与运动前相比，提高了50%。

6. 睡眠质量高。

科学家通过研究发现，每周累积运动时间达到150分钟的人，睡
眠质量能提高65%，而白天的困倦感则会减少65%，白天的疲劳感和
专注力涣散的问题也会减少45%。所以，定期坚持运动可以让晚上的
睡眠更深沉，白天的专注力得到大幅提高。

7. 干劲高涨。

人在开始运动之后，体内马上会分泌多巴胺，而多巴胺有一个绰
号叫作"积极性物质"。多巴胺还具有增强记忆力、提高学习能力的
效果。而且，长期坚持运动可以增强多巴胺神经元之间的联系，进一
步提高人的工作、生活的积极性。

我把上述结论概括一下：30分钟左右的有氧运动之后，人的学
习能力、记忆力、积极性都会得到提高。长期运动的习惯，可以促进
神经元之间的联系，让头脑变得更聪明。

运动是最好的身心重启术，也是提高大脑机能最好、最简单的
方法。

要想精力旺盛地投身于工作，那就先养成爱运动的习惯吧！

• 运动是最好的创造时间的方法 •

运动还能创造时间，您相信吗？在讲解运动创造时间之前，我先给您介绍一组非常重要的研究数据。

中国台湾卫生研究所曾经对 41 万人进行了长达 8 年的跟踪调查，结果显示，每天运动 15 分钟的人，死亡率比不运动的人低 14%，平均寿命也比一般人长 1002 天，也就是能多活 3 年左右。

我想粗略计算一下运动对延长寿命的投资回报率。

假设每天运动 15 分钟，坚持 8 年，可以延长寿命 3 年。那么，每天 15 分钟的运动，8 年坚持下来的总运动时间大约是 30 天。而这样可以延长寿命 1002 天。花 30 天运动，获得 1002 天的额外生命，这个投资回报率达到了 33 倍！**换一种更为形象的说法就是，您每运动 15 分钟，就可以多活 8 个小时！**听起来还是非常诱人的。

当然，我的计算过于粗略，但有一点是确定的：运动可以延长寿命，也就相当于为我们创造了时间。

很多朋友常说："因为我没有时间，所以不能去运动。"可是，不运动的话，可以自由支配的时间就会更少，因为你无法创造出额外的时间来。

所以，越是感觉时间不够用的人，就越应该抽出时间来运动。

● 什么时间运动最好 ●

因为我运动是为了恢复专注力，运动完还要写作 2 ~ 3 个小时，所以我一般会选择在傍晚运动。

我曾经读过一本减肥的书，书中说人在下午 4 点左右的时候体温较高，这段时间是一天中新陈代谢最为旺盛的时候。所以这个时候做运动，减肥效果最佳。从新陈代谢的角度来看，接近傍晚的时候，是理想的运动时间。

这说起来简单，可是对于上班族来说，怎么可能在傍晚快要下班的时候去运动呢？

也就是说，上班族可以运动的时间只有"早晨上班之前"和"晚上下班之后"。我推荐早晨运动，但对忙碌的上班族来说，也不太现实，早上的时间宝贵，用于给自己充电或工作更好。那么，就是下班之后去运动了。

晚上运动也有一些注意事项，上床前 3 个小时内还做剧烈运动的话，会对睡眠造成不良影响。有时晚上 11 点多我回家的路上，透过健身房的玻璃还能看见里面有人在跑步机上跑步。锻炼者的目的肯定是强身健体，但这么晚了还运动，却会适得其反，是一个不健康的习惯。

人开始运动之后，交感神经就占据了主导地位。而交感神经被称为"白天的神经"，所以运动的时候，人脑处于异常清醒的状态。如果以这种状态钻进被窝，人是难以入眠的，即使睡着了，也无法睡得深沉。

如果您只能在晚上运动的话，那也要在睡觉前 3 个小时就结束运动。运动会使人体温升高，如果晚上运动后留出 3 个小时冷却身体再睡觉，那么到上床的时候，身体核心部位的体温已经下降了，正好可以顺利入睡。在这种情况下，人更容易进入深度睡眠，从而更好地消除疲劳。而且运动后我们肯定要冲个淋浴或泡个澡，这也能起到放松身心的作用。

只在下班后才有条件运动的上班族朋友，切记"睡觉前 3 个小时就要结束运动"。这样才能获得较高的睡眠质量，更好地消除疲劳。换句话说，这样才能获得最好的夜晚重启效果。

● 确保运动时间的方法 ●

"运动可以提高大脑的活性，所以上班族朋友都应该多运动"，可是，虽然我这样建议，还是会有很多人说："哪有时间运动啊？"

"健康"和"工作"您觉得哪一个更重要？我想绝大多数人的回答都是"健康"。但是我又问："那您一周能否保证 1 个小时的运动时间？出汗的那种。"结果很多上班族朋友回答："不能。"

这是一种牺牲"健康"投入"工作"的状态。换个角度来看，这也是一种无法控制自己工作的状态，长此以往健康肯定会受损。

我也清楚健康的重要性，所以我会拼命确保运动时间。用"拼命"这种表达方式一点都不夸张。因为不运动的话，我就容易生病，寿命都会缩短，这就太不划算了。

不管怎样，请您一周至少运动一次。最近很多公司提倡"零加班"，有些公司做不到零加班，但每周也设定了一天"零加班日"。如果您的公司也有零加班日，那就把这一天设定为"运动日"吧。如果零加班日是星期三，那您可把星期三的晚上 7 点到 9 点安排为运动时间，并把这个计划向家人和公司同事宣布。宣布计划是为了更好地实行，也能减少一些阻碍。

如果运动时间有工作，您应该下定决心果断拒绝。有朋友邀请您在这个时间去聚会喝酒，也应果断拒绝。不管怎样，一切都要给运动让路。

通常情况下，我每周要去运动场锻炼 5 天，但有时特别忙或遇到重大活动的时候，就没法如此高频率地运动了。但在那段时期，我至少要保证一周一次的运动。有的时候没法去运动场，就在自家附近的公园里跑跑步，总之就是要让身体动起来。

我还报了健身中心每周四的健身课，晚上 7 点到 9 点上课。因为是预先缴纳 3 个月的费用，不去的话也不退学费，所以我不去的话钱就浪费了。

报名后，我就告知亲戚朋友以及工作上的同事："每周四晚上是我的健身日！"周四晚上如果有人约我去喝酒，我一概拒绝，工作上的任务，也不接。

结果怎么样呢？会不会影响人际交往？会不会影响工作？实际上什么也没变。亲戚朋友对我的态度没变，工作委托也没有减少。而且，这样过了半年后，大家都知道我的运动习惯，一到周四，想约我喝酒的人自己就会说："今天桦泽那家伙不行，他要去健身。"

唯一改变的，是我的身体。我的精力越来越旺盛，也很少生病。

一年下来，除了我去海外旅行、去外地出差的日子，我在东京的每个周四晚上都会坚持去健身房健身，一次不落。

既然决定了运动，就要坚持到底！

● 运动越多，创造出来的时间就越多 ●

坚持运动一段时间您就会发现，每周能确保运动一次之后，就能确保每周运动两次；每周运动两次之后，就能再多一次，运动三次。是不是很不可思议？

但如果您了解"神之时间管理术"的话，就知道这只是自然而然的事情。

坚持运动后，人的体力和大脑机能都会提升，工作效率也比以前显著提高。这样就可以让工作在更短的时间内完成，也就创造出了更多的运动时间。

另外，运动能让我们的睡眠质量更高，白天的疲劳得到彻底恢复，第二天又能以 100% 的状态投入工作。

再有，坚持运动还能让我们大脑内的神经元网络越来越细密，结构越来越合理，换句话说就是头脑运转得越来越快。做同样的工作，只需更短的时间，而且质量更高。

根据我个人的经验，**坚持运动之后，和不运动的时候相比，一个月的工作总量几乎是以前的 2 倍，而且可以自由支配的时间也大幅增加了**。

这就是我提倡的"神之时间管理术"的精髓所在。

所以，越是声称自己没时间的人，越应该运动起来。运动会帮您创造出更多的时间。

要说运动可以让一天变成两天，我觉得一点都不夸张。

"最好的晚上"
之二

不让压力和疲惫过夜

● 让一天 24 个小时的"收支"保持平衡 ●

经常有人问我:"桦泽先生,您星期六、星期日一般是怎么过的呢?"

其实对我来说,根本没有星期六、星期日的概念。那肯定有人要问了:"您周末就不休息,不娱乐吗?"实际上,我的休息、娱乐时间是一般人的两倍以上。

对于大多数上班族来说,会在周一到周五的工作日拼命工作,周末两天用来休息。也就是说,他们以周为单位调整工作和休息的平衡。一周,就是他们的一个生活周期。

而我没有周末的概念,周末两天,我依然会在上午专心写书,下午写些轻松的文章,从原则上来讲,晚上我是不工作的。周末和平日的生活,基本上没什么不同。

晚上我会看看电影、品尝美食、和家人朋友小聚,通过交流沟通来放松自己。也就是说,我工作和休息的平衡是在一天之内进行调节的,我生活的周期是以天为单位的。

　　我把自己的这种生活规律概括为"**不让压力和疲惫过夜的生活方式**"。

　　白天，在工作中我们难免会遇到心烦的事情、让我们感到疲惫的状况。但我认为，由此造成的精神压力，决不能带到第二天去，必须要把它们在当天处理完。当第二天早晨醒来的时候，我们又能恢复饱满的精神，让身体和大脑都能以100%的状态投入新一天的工作、生活中。

　　而以"工作5天，休息2天"为生活周期的人，一天之中很难恢复100%的状态。一周过半，到了周四、周五的时候，他们刚起床也可能感觉身体疲惫不堪，精神萎靡不振，开始进入一种"挣扎着去上班"的状态。

　　他们这种生活模式，如果把周一的状态比作100%的话，那么到了周四、周五，他们的状态就已经下降到了70%，甚至只有60%。从我的"神之时间管理术"的角度来看，这将造成巨大的时间浪费。

　　当天的疲劳和压力，就应该在当天之内消除掉。让24个小时之内的"收支"达到平衡，我认为这是效率最高的工作方式。

　　● **与人交流是最好的治愈方法** ●

　　在夜晚的时间使用方法中，我推荐一种恢复术——与人交流。

不让压力和疲惫过夜的生活方式

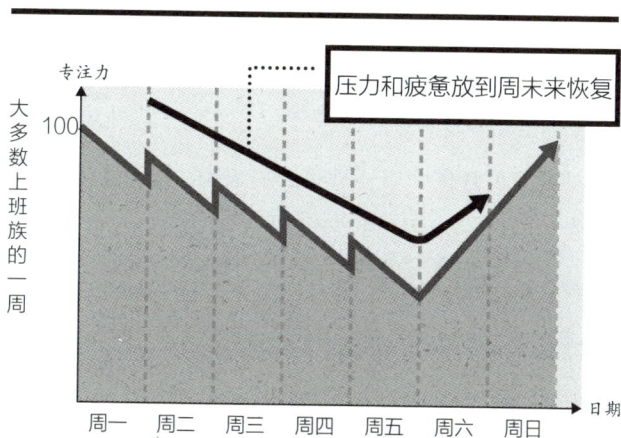

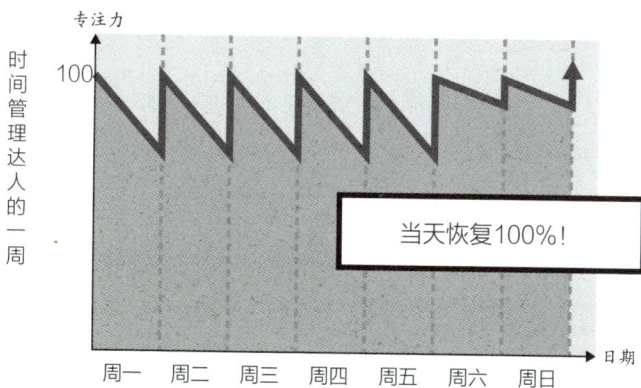

专注力

大多数上班族的一周

100

压力和疲惫放到周末来恢复

周一　周二　周三　周四　周五　周六　周日　日期

专注力

时间管理达人的一周

100

当天恢复100%！

周一　周二　周三　周四　周五　周六　周日　日期

　　和家人共进晚餐、和孩子一起玩耍、和三五个好友去小酌几杯、和宠物一起嬉戏……

　　晚上拥有这样的交流时间，可以让我们忘掉白天的疲劳和紧张。

这绝不单单是心理作用，脑科学已经证明了"交流"对人的治愈作用。

人与人交流的时候，脑下垂体会分泌一种叫作"后叶催产素"的激素。后叶催产素被称为"爱的物质"。**当脑内分泌后叶催产素的时候，人就会感到"爱和被爱的感觉"**。

不但如此，后叶催产素还具有修复细胞、提高免疫力等积极作用。由此可见，后叶催产素可以帮我们修复身体和内脏器官的细胞，是一种具有真正治愈效果的物质。

精神上的交流可以促进后叶催产素的分泌，但并非仅限于此，肌肤的接触也能促进它的分泌。促进后叶催产素分泌最典型的行为就是做爱和接吻。另外，一个亲密的拥抱也可以促进它的分泌，和心爱的人牵手同行、怀抱可爱的孩子等肌肤接触的行为也具有类似的效果。

不仅人与人的精神交流、肌肤相亲能促进后叶催产素的分泌，和爱猫、爱犬一起玩耍，同样可以促进后叶催产素的分泌。很多养宠物的朋友说："每当爱抚我家猫咪（或小狗）的时候，我就会感到无比安心和放松，一天的疲劳和内心的伤痛一下子就被治愈了。"其实这就是后叶催产素的效果。

所以，**放松的"交流"时间，就是真正的治愈时间**。而夜晚放松身心过后，人更容易进入深度睡眠，为第二天全力以赴投入工作打下了基础。

● 把握好轻重缓急的节奏 ●

白天努力工作，晚上回家好好放松。这才是最为健康的工作、生活方式。

也就是说，一天之中，我们要把握好轻重缓急的节奏。

很多上班族朋友每天加班到深夜，然后赶末班地铁回家。到家后马上吃饭、洗澡，然后径直上床。我认为这种生活节奏是最为不健康的。因为没有放松的时间，甚至连停下来喘口气的工夫都没有。

请您在大脑中想象一张弓的样子。当我们手拉弓弦的时候，弓就弯曲了。放开弓弦，弓又恢复了原来的样子。这就是一张一弛。但如果我们一直拉弓弦，那么弓和弓弦都会越来越紧绷，最后不是弓断就是弦断。为了防止弓被拉断的恶果出现，我们必须做到张弛有度。

在我们的身体中，也有缓急的节奏，白天由交感神经控制，处于"急"的状态，晚上则由副交感神经主导，处于"缓"的状态。两种神经交替活动，让我们的身心处于缓急有度的健康状态。但如果夜晚我们没有放松的时间，那么就无法消除白天的疲劳。第二天也不可能发挥出 100% 的能力。

假设下班后还要在公司加班 3 个小时，那么晚上基本上就没有放松的时间了。结果，第二天一开始，人的专注力就只有 80% 左右。如果用专注时间的公式进行换算，那么昨天加班的 3 个小时，会在今天被浪费掉。

　　由此可见，**我们必须像重视白天的工作一样，重视夜晚的休息和放松。**

　　很多玩命工作的人认为，我天天加班，一定会得到同事和上司的认可，这样就离升职加薪不远了。这似乎也成了他们的一种信念，靠这种信念每天才能坚持那么高强度的工作。

　　但非常遗憾的是，这样玩命工作的结果并不是升职加薪，而是进医院的"神经科"。天天加班到很晚的话，精神上迟早要出问题。

　　作为一名在一线战斗过的神经科医生，我接诊过太多这样的上班族患者。患上心理疾病的患者，大多数都不善于放松、放手、休息、玩乐。

　　"晚上不要再工作，要彻底放松""晚上要和朋友一起出去玩""晚上要和家人共度美好时光"……

　　这才是最高级的"工作术"。不懂休息、只会工作的人，早晚要油尽灯枯。

● 离开公司，就不要再想工作的事情 ●

　　把握一天中轻重缓急的节奏，还有一种表达方式就是："工作时间就努力、认真、高效率地工作，但下了班，就把工作的事情抛到九霄云外去。"

　　在和朋友喝酒小聚的时候，有的朋友每隔半个小时左右就看下手机，我问他看什么，他说看邮件，怕错过工作上的重要信息。我心想，他这哪是出来喝酒放松啊，心里随时惦记着工作，和坐在办公桌前又有什么区别？这样的人，即使去国外旅行，也会经常查看工作邮件。总之，他们心中始终放不下的就是工作。

娱乐时、小酌时、旅行中，头脑里还装着工作的事情，绝对无法享受到真正意义上的放松。因为他们还没有从"工作模式""紧张模式"中解脱出来。

不管他们的身体还是精神，始终都处于剑拔弩张的"急"的状态。

始终处于紧张状态的人，即使在周末、节假日，也难以得到充分的休息。工作的压力正在一点点侵蚀他们的身心。

另外，我还奉劝您，千万不要把工作带回家做。一开始您可能会想："就今天一次。"可一旦有了开头，便会一发不可收拾，以后会经常带工作回家。

而且，一旦"在公司做不完，带回家做也可以"的念头潜伏在您心中的某个角落，那白天工作的时候，就会失去紧迫感，拖拖拉拉干一天，最终也没干完，只好带回家去做了。

"最好的晚上"之三

对睡眠极好的生活习惯

● "睡前 2 个小时" 决定人生 ●

早晨起来的第一件事，您会做什么？这个问题的答案将对人一天的工作状态产生很大的影响。关于这个问题前面已经讲过。另外，每天最后的一段时间——睡前，您又会做什么呢？这个问题也很重要。我可以毫不夸张地说，睡前的生活习惯将决定一个人的人生。

早晨起床的生活习惯，可以决定人的"一天"。而睡前的生活习惯将决定人的"人生"。

前面已经给朋友们介绍了各种各样恢复、重启专注力的方法，但其中最重要的一个方法还是睡眠。

我想每个人都有体会，如果头一天晚上睡得特别香、特别沉，那么第二天起床的时候人就会感觉特别舒服。身体充满力量，大脑清爽灵活，工作起来效率奇高无比。

但是，如果晚上睡眠时间不够，或者睡得很浅，夜里要醒来好几次的话，那第二天起床就会感觉头昏脑涨、浑身乏力，干什么都提不起精神。专注力只恢复了 70% ~ 80%，那么这一天的工作从专注时间上来说，就已经损失了 20% ~ 30%。早晨起床的瞬间，就已经决定了人一天的状态。所以，如果睡眠不好的话，从时间利用上来说，第二天就太不划算了。

所以，那些减少睡眠加班工作甚至通宵工作的行为，从专注力工作术的角度来看，绝对是愚蠢透顶的行为。

总而言之，睡眠时间不足、质量不高，是专注力的最大敌人。反过来说，时间充足且高质量的睡眠，是恢复专注力、高效工作的必要条件。

●"睡前 2 个小时"该做的事情和不该做的事情●

那怎么做才能睡得更快、睡得更香、睡得更沉呢？其实，这个问题的答案就隐藏在"睡前 2 个小时"的生活习惯中。

睡前 2 个小时千万不能做的事情有吃东西、饮酒、剧烈运动、洗澡水水温过高、视觉系娱乐（玩电子游戏、看电影等）、看闪亮的东西（看手机、看电脑、看电视等）、待在灯光过于明亮的场所（特别是使用荧光灯的便利店、公司办公室等）。

反过来，睡前 2 个小时适宜享受放松。比如，听音乐、闻香薰灯、非视觉系娱乐、和家人聊天、爱抚宠物、使身体放松的轻微运动、温水浴、读书等。

恐怕大部分日本上班族在晚上都没法享受如此悠闲的时光。但只有在睡前 2 个小时让自己放松下来，才能让一天之中的生活节奏保持平衡，才能保证高质量的睡眠，才能让睡眠帮我们恢复 100% 的体力和脑力。

人体内存在交感神经和副交感神经。白天，交感神经处于主导地位，指挥我们努力工作；夜晚，切换到副交感神经工作模式，帮助我们休息、睡眠。交感神经和副交感神经各司其职、各谋其政，才能保证我们在努力工作的同时还能维持身心健康。

夜晚，从交感神经的主导切换到副交感神经的统治，需要一段"冷却"时间。睡前 2 个小时如果能按照我前面说的去做，您就能顺利"冷却"下来。

毫无睡意、双眼放光、头脑清醒、心脏怦怦直跳……晚上如果还处于这样的状态，就说明交感神经还没有退出舞台。这时即使勉强自己入睡，身体和大脑也得不到休息。我们的身体修复细胞和内脏器官、提高免疫机能、消灭癌细胞都是在睡眠状态下进行的，而且还必须是在副交感神经占优势地位的时候进行。如果入睡之后，交感神经依然活跃的话，那我们的身体就无法发挥自然治愈的功能。长此以往，人的身心肯定会出问题。

为了第二天能生龙活虎地工作，头一天睡前 2 个小时必须给自己放松的时间。如果晚上加班到很晚，不经过放松就直接入睡的话，那么一夜的睡眠也无法使我们的身心恢复到 100% 的状态。换句话说，"加班到很晚"并不是"努力工作"的表现，实质上还会影响工作效率和进度。

睡前 2 个小时的放松时间，应该得到优先保障。

不过，要详细讲解睡前 2 个小时的放松方法和原理的话，至少需要一本书的篇幅。所以，想进一步了解的朋友，可以参考本人的拙作《日本第一浅显易懂的睡眠指导手册——神经科医生教您高质量睡眠的 12 个法则》(Kindle 电子书籍)。"晚上睡不好""睡眠时间不够""想睡得更长、更香"的朋友以及平时靠安眠药物入睡的朋友，可以读读我的那本书。

● 睡前吃东西，破坏您的睡眠 ●

现实中，很多上班族晚上要加班到 10 点，赶末班地铁回家后先洗个澡，然后再吃"晚饭"，收拾停当，上床已经是凌晨 1 点左右了。这样的生活习惯，您觉得健康吗？

睡前 2 个小时内，最不应该吃东西。

前面讲了其他一些睡前 2 个小时不该做的事，但其中最难克服的就是睡前吃东西。口舌之欲很难控制，一不小心就把美食送进了嘴里。

睡前吃东西的话，睡眠中就不会分泌生长激素了。生长激素具有提高血糖的作用。也就是说，空腹的时候生长激素更容易分泌，而吃饱之后，血糖比较高，就基本上不分泌生长激素了。

在通常情况下，生长激素是在我们入睡之后第一轮快速眼动睡眠的时候分泌。也就是入睡后 2 个小时之内。但是，如果睡前吃东西的话，那么入睡后 2 个小时内血糖值还比较高，生长激素就难以分泌。

简单地讲，生长激素就是一种"消除疲劳的激素"。生长激素分泌不足的话，疲劳就难以得到彻底消除。第二天醒来时，还是感觉疲惫不堪。

睡眠的意义就在于休息身体和大脑，起到消除疲劳的作用。如果睡眠中不能分泌生长激素，那么睡眠消除疲劳的效果就将大打折扣，那睡眠也就失去了意义。

晚上睡七八个小时，可起床时依然感觉疲劳的人，很多就是睡前吃了东西造成的，所以这一点一定要引起注意。

所以，如果您加班到很晚才能回家的话，建议您在傍晚的时候就先在公司把晚饭吃了。本来空着肚子工作，工作效率也不高。

"最好的晚上"
之四

把睡前的 15 分钟运用好

● **睡前 15 分钟是"记忆的黄金时间"** ●

早上起床后的 2 个小时是大脑的黄金时间，但其实对于大脑来说还有一个黄金时间。那便是睡前的 15 分钟。

睡前的 15 分钟是记忆的黄金时间。

睡前 15 分钟的记忆是一天中最牢固的记忆。考前复习、学习外语等需要背诵记忆的时候，睡前的 15 分钟学习可以匹敌白天 1 个小时的效果。

为什么这么说？因为睡前 15 分钟的记忆之后，马上就钻进被窝睡觉了，不会产生任何记忆上的冲突。

当我们背诵学习内容的时候，如果之后又有多余的信息进入大脑，就会产生"记忆冲突"，使大脑混乱，对睡眠中大脑进行信息的整理、记忆的固定造成障碍。

睡前 15 分钟记忆的内容，因为很少受到其他信息的干扰，所以更容易固定在大脑中。

您实际尝试一下就能体验到这种方法的效果。

2016 年，我参加了一个"威士忌咨询师"的职业资格考试。要想通过考试，我必须要背诵 500 页的复习资料。

复习资料中有一项内容要求记忆 50 多家酿酒厂商的名字。对我来说这可真算得上一项艰巨的任务，我背了很久也无法全都记下来。于是，我尝试了用睡前的 15 分钟专注背诵的方法。第二天早晨醒来的时候，我躺在床上回忆了一下昨晚背诵的内容，结果那些酒商的名字一一浮现在了我的脑海中，我居然记住了！可见睡前记忆能力的强大。

虽说睡前的 15 分钟是记忆的黄金时间，但其实睡前记忆之后只要不再输入多余信息，不产生记忆冲突，那么这个记忆黄金时间完全可以延长。有研究者就说，**睡前的 1 ～ 2 个小时是记忆的黄金时间**。

● **睡前 15 分钟不要再向大脑输入多余的信息** ●

如果您能理解睡前记忆黄金时间的原理，也就能知道睡前最不好的生活习惯是什么。

前面在介绍早晨生活习惯的时候，我讲过电视新闻节目和报纸在早晨只能扰乱我们的大脑，破坏早上的大脑黄金时间。其实，睡前的记忆黄金时间也是一样，看电视等就是向大脑输入多余的信息，使记忆冲突很强烈，影响记忆的效果。

尤其即将考试的考生，平时学习非常辛苦，晚上也要学习到很晚。他们往往会禁不住电视的诱惑，心想"白天、晚上都在学习，还有 30 分钟就要睡觉了，不如放松一下看会儿电视吧"。其实这个时候最不应该看电视。学习之后应该直接去睡觉。

另外，睡前您一般都会想些什么呢？

据我所知，很多人在睡前总是反复琢磨"今天的惨事""失败的情景""伤心的事情""被上司批评时的羞辱"……

有些朋友白天在公司犯了错或某项工作失败了，他们会一直把难过的心情带到睡觉前。

内心被后悔的情绪占据，头脑中反复思考"当时我真蠢，要是我那样做就好了……"结果，带着悔恨的心情进入了梦乡。

睡觉前的 15 分钟是记忆的黄金时间。这个时候，好的东西容易记住，坏的东西同样容易记住。如果反复想那些"失败体验"，它们就会强烈地留存在我们的记忆中。

即使第二天早上醒来时，心情依然无法走出悔恨、郁闷的泥沼。上班之后还会想，结果就陷入了失败体验中无法自拔。

反复这样的话，人的大脑就会被失败体验、焦虑体验所占据。人也自然而然地认为"自己就是最差的""什么事都做不好"。长此以往，就变成了一个自尊心低下，没有自信的人。

日本有句俗话叫作：**"睡觉前想什么，你就会变成什么样的人。" 从心理学的角度来看，这句话说得非常对**。人在睡觉之前，会进入一种"心理暗示"的状态。

睡觉前思考的事情，更容易进入我们的潜意识。因为平时关闭的潜意识之门，会在睡前这段时间悄悄打开。

所以，我建议各位朋友，晚上睡前这段时间，不要再想那些痛苦的事情，多想些积极向上、饱含正能量的事情。

●将今天发生的"趣事"记录到 SNS（社交网络服务）●

人的心理暗示作用很强，越是告诉自己睡觉前不要想不好的事情，就越容易往那方面想。那我们该怎么办才能让自己在睡前不想负面的事情呢？

您可以在睡觉之前想一个"今天发生的趣事"。

因为人不能同时想两件事情，所以在想"今天发生的趣事"时，就不会想"痛苦的事情"了。

不过，只是想想的话还不够，最好还是把它记录下来。

可以把"今天发生的趣事"写在日记里，也可以发表在 Facebook、微博、微信等 SNS 网络社交媒体上。

我也经常在网络社交媒体上发表一些自己的动态，但我不属于那种"即时发表"的类型，我一般会在一天结束之前，把当天发生的趣事记录下来，并配上相应的照片发表在网络社交媒体上。这个过程能帮我把有意思的事情在睡前的 15 分钟输入大脑，从而形成强烈的记忆。

经常这样做的话，"快乐的记忆"就会充满我们的大脑。以后回忆起来，过去的生活全都是幸福快乐的事，让我们的人生充满幸福感。

"最好的周末"
之一

周末不用刻意补充睡眠

到目前为止，我给大家讲的都是从周一到周五，即工作日的时间管理术。现在该讲周末的正确过法了。周末嘛，休息日嘛，肯定以休息为主啦。这肯定是大多数人的想法，可是我要遗憾地告诉您，您的周末休息法搞不好还会起到反作用。不过您别急，接下来我就传授您周末的正确过法，也是最强的周末过法。

● 为什么很多人在星期一的早晨总是很郁闷 ●

每天都奔波于职场，又不太会休息的人，到了星期五，身心的疲劳已经累积到了最高峰。很多人都想："周末我就想睡懒觉，一直睡到中午！"可实际上，周末睡懒觉反而会降低大脑的机能，还是改掉这个习惯为好。

人每天早晨起床，通过晒太阳将体内的生物钟调准。也就是说，我们早上起床的时间，就决定了晚上"感到困意的时间"和"入睡的时间"。

平日早上 7 点起床的人，如果在周六日睡到上午 11 点，那么睡眠与清醒的节奏就会发生 4 个小时的偏差。到了周日的晚上，人又会迟迟没有困意，结果睡得很晚，周一早晨起床上班会异常痛苦。

怎么理解睡眠与清醒的节奏偏差 4 个小时所带来的痛苦呢？我打个比方吧，就好比平时您早上 7 点起床，结果有一天突然让您提前 4 个小时——凌晨 3 点起床，那是怎样的感觉，相信您能想象得到吧。

您周一早晨的郁闷感觉，很可能是周六、周日睡懒觉造成的。

可尽管如此，还是有很多朋友想利用周末时间睡个懒觉。如果非睡懒觉不可的话，**我建议您最多比平时晚起床 2 个小时，这已经是睡懒觉的极限了**。因为推迟 2 个小时的起床时间，对睡眠与清醒节奏所造成的恶劣影响还不至于太大。

日本有句俗语叫"储备睡眠"，意思就是现在有时间就睡个够，储备睡眠为以后忙的时候做准备。但从医学的角度来看，这是完全错误的，睡眠根本不能储备。现在多睡，只能在一定限度上消除之前睡眠不足造成的身体疲惫，偿还一部分"睡眠负债"。但是，即使今天睡上 12 个小时，对明天也没有作用。

打个比方说，这个周末我睡得再多，下周某天睡眠不足之后，第二天起床依然会很疲惫。之前储备的睡眠，对以后根本不起作用。

因此我还是想强调那句话：一天之中的疲劳就在当天消除掉，不要让压力和疲惫过夜。

我建议大家每天过有规律的生活，起床和入睡时间基本上固定下来，每天晚上都睡充足，这才是最为健康的睡眠习惯，也是对大脑机能最好的养护。

• 即使周末睡了个够，也不能提高人的专注力 •

"工作日少睡几个小时，可以在周末多睡会儿，补回来"，很多人都相信周末补觉的作用。但美国宾夕法尼亚州立大学的学者通过研究发现，补觉是可以部分消除身体的疲劳，但不能完全恢复大脑机能。

宾夕法尼亚州立大学的学者让实验者接受总共 13 天的睡眠实验。在前 4 天，每天睡 8 个小时；接下来的 6 天，每天睡 6 个小时；最后 3 天，每天睡 10 个小时。同时对实验者的压力激素、脑电波进行了测定，还对实验者的注意力、专注力等认知机能进行了检查。

结果发现，在中间 6 天让实验者每天减少 2 个小时睡眠的期间，实验者体内的压力激素明显上升，脑电波出现异常，认知机能也有所下降。其后 3 天，让实验者每天睡够 10 个小时（相当于我们周末补觉），结果发现，实验者体内的压力激素水平降低了，脑电波也趋于正常，但唯独认知机能没法恢复。

也就是说，如果平时睡眠不足，周末睡得再多，人的大脑机能也无法得到恢复。

由此可见，大家认为平日减少睡眠用于加班，周末睡上 10 个小时就可以让大脑得到恢复的想法，是错误的。睡眠不足所造成的专注力下降，仅靠周末两天的补觉，是没办法修复的。到了周一，人的大脑依然会处于低迷的状态。

慢性睡眠不足的人，大脑长期处于昏昏沉沉的状态，每天都无法发挥 100% 的大脑机能。试想一下，在这种状态下学习或工作，能取得突出的成绩吗？

周末睡个够，身体只能部分消除疲劳，但对大脑机能的恢复却没什么帮助。

所以我奉劝大家，**与其周末补觉，不如平时保证足够的睡眠时长。**

"最好的周末"
之二

生长激素恢复术

● 越是疲惫的时候越应该去运动 ●

大部分上班族朋友，在周一到周五的工作日都忙得喘不过气来。所以到了周末，很多人就只有一个想法："周末就应该窝在沙发里宅一整天！"

但我并不推荐大家用这种方式度过难得的周末。

我推荐的周末过法是运动。而且，越是疲惫的人，越应该去运动。

肯定会有很多人对我的建议表示怀疑："我都已经很疲惫了，怎么还让我去运动呢？运动完了会更累啊！用运动来消除疲劳？这不是自相矛盾吗？"其实，一点都不矛盾。而且，从医学的角度来看，运动是消除疲劳最合理的方法。

前面我已经讲过，运动可以提高我们的专注力，此外还有其他很多积极的功效。运动还有一个十分重要的作用，就是可以促进"生长激素"的分泌。

生长激素具有消除疲劳、提高免疫力、修复细胞、促进新陈代谢、抗衰老等功效，绝对是帮上班族朋友消除疲劳、缓解压力的良方。而且，运动过后，人的睡眠会更香、更沉。睡眠质量高了，疲劳自然更容易恢复。

我推荐连续 1 个小时以上的有氧运动，快走、慢跑、游泳、徒手有氧训练、球类运动等。总之，找到自己喜欢的有氧运动方式，运动到出一身透汗最好。

我每周会去体育馆运动 4 ~ 5 次，我发现星期日下午这个时间段人最多。也正是周日下午这段时间，我能看到最多、最开怀的笑容。因为运动帮他们放松了心情、缓解了压力。可见，运动应该是周末必不可少的节目。

周末只需运动 1 个小时，就可以获得专注力、幸福感和健康，而这些不正是幸福人生的组成要素吗？ 对于上班族朋友来说，周一到周五运动可能难以实现，那就把周末利用起来呀。周末别再窝在家里了，快出来运动吧！

● 互补休息法 ●

前面我介绍的周末运动休息法，适合于平时伏案工作、缺乏运动的朋友。但对于平时以体力劳动为主的朋友，我建议周末选择窝在沙发里读书的休息方式。

什么是疲劳？就是反复使用肌肉或者大脑的同一部位，由于过度使用而产生累的感觉。

如果在周末休息日还重复平日所做的事情，那只能带来更多的疲劳。所以，周末应该做平日不做的事情，借此来休息身体、恢复大脑。这就是我所说的"互补休息法"。

举例来说，平日上班主要对着电脑工作的人，大部分时间都在用脑，身体肯定缺乏运动，周末就应该通过运动的方式来放松。而平日以体力劳动为主的人，周末就不要运动了，可以在家里看看书，活动一下大脑。

另外，我们大脑中的各种机能也应该保持平衡。比如，"语言、理论脑"和"感觉、艺术脑"之间协调平衡，也能起到休息大脑、提高大脑机能的作用。

平时伏案工作的人，"语言、理论脑"使用得多，那么在周末的时候去美术馆欣赏画作（刺激感性和艺术感觉）或去电影院看部电影（刺激感情），这样就可以放松"语言、理论脑"，而激活"感觉、艺术脑"了。

平时从事艺术创作或设计的人，周末就不要再用"感觉、艺术脑"了，可以读读书，使用一下"语言、理论脑"。

再比如，有些技术工作或研究工作，平时很少和人接触，那么在周末的时候就应该约上亲朋好友，多多交流沟通。而平时工作就是和人打交道的朋友，周末则应该尽量创造"一个人的时间"，享受一下独处的感觉。

但现实中，很多人的周末过得和平时差不多。比如，平日里整天对着电脑工作的人，到了周末也难摆脱电脑或手机，似乎上网、玩游戏成了他们生活中必不可少的要素。这样怎么能让疲惫的大脑放松下来呢？搞不好还会增加大脑的负担。

只有合理、平衡地使用大脑，才能让它发挥出 100% 的能力。

● 每天按计划有规律地做同样的事情 ●

前面所讲的内容，就是我一天从早到晚、从周一到周日的生活，也是我所提倡并实践的"神之时间管理术"。

还有一点我必须强调一下，那就是尽可能每天都按照计划过有规律的生活，说白了，也就是今天的作息时间和昨天保持一致，明天又和今天一致。有的时候遇到一些意外事情，当然不可避免地打破规律，但至少我们心中应该有意识地保持生活规律和节奏。

特别是起床时间和上床时间，每天都相同的话，对身体和大脑的运转都有很大好处。

当然，每天保证充足的睡眠是一切的大前提。

每天早上在同一时间起床，晚上在同一时间上床睡觉，醒着的时候在相同的时间做相同的事，是能将大脑机能发挥到最大的生活方式。

当我们养成这种有规律的生活习惯之后，身体就会在固定的时间做出相应的反应。早晨起床冲个淋浴之后，专注力就达到了高峰，可以开始一上午的工作。中午通过吃午餐，又可以将大脑重启，开启下午的专注工作时间。傍晚适度运动一下，再次重启身心，又可以专注地做你想做的事情。

每天的生活规律建立之后，我们就可以控制自己的专注力了。

根据脑科学原理设计的最完美的一天

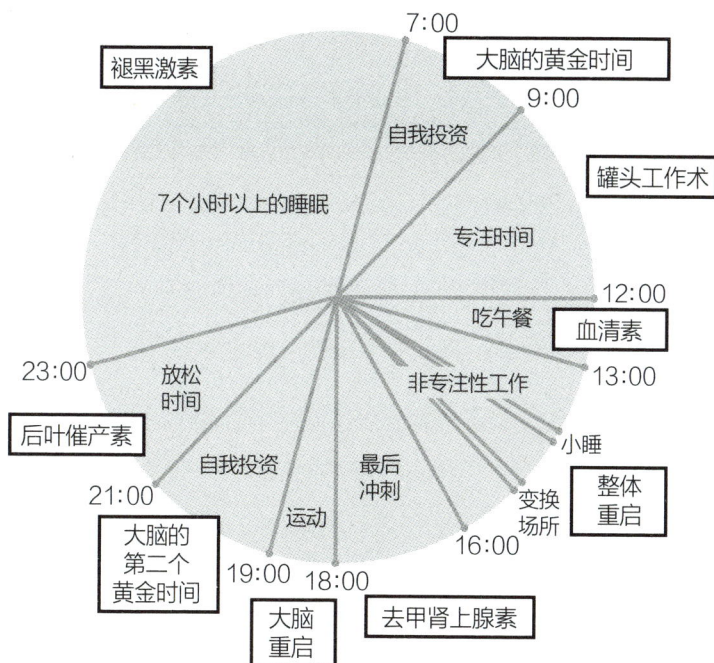

7:00

褪黑激素

大脑的黄金时间

9:00

自我投资

罐头工作术

7个小时以上的睡眠

专注时间

12:00

吃午餐

血清素

23:00

放松时间

非专注性工作

13:00

后叶催产素

自我投资

最后冲刺

小睡

21:00

运动

变换场所

整体重启

大脑的第二个黄金时间

19:00　18:00

16:00

大脑重启

去甲肾上腺素

　　日本著名棒球运动员铃木一郎在接受采访的时候曾说，他每天都在同一时间起床，早饭吃咖喱，然后去球场训练或比赛，去球场走的路都是一成不变的。来到球场后，比赛之前的热身都有固定的方法。比赛开始后，进入场地的动作都不会有太大的改变。这就是一名职业棒球明星的时间管理术。

　　反复做同样一件事，它就会在我们大脑中被不断强化。已经用身体记住了这种规律，所以在固定的时间里，身体和大脑就能发挥出最高的机能。

　　如果能做到我前面说的这些，就几乎完美了。其中很重要的一点就是"自己的节奏不要乱"。这是每天都能发挥出自己最大能力的窍门所在。

第五章

把工作时间利用到极致的
创造时间工作术

　　很多人把时间看作一种"使用的东西"，一种"消耗品"。但我的想法是，通过使用时间，可以"创造出更多时间"。如果您继续使用"消耗时间型工作术"，那就会一直"很忙"，一直"没时间"，每天都无法解脱。

　　在这一章中，我将以投资的思维方式来为大家讲解"创造时间工作术"。掌握了这样的工作方法，您的时间会"生"时间，工作效率更高，时间更多，单位时间里完成的工作量更大。

"最高效的工作"
之一

"For You" 工作术

● 为别人着想的工作方法 ●

有很多人整天说："我很忙！我很忙！"简直是被时间追着走。不过您发现一个现象没有？越是这样的"大忙人"，越容易迟到。"不好意思来晚了，之前的一项工作耽误了一会儿。"这句话几乎成了他们的口头禅。

"大忙人"很珍惜他们自己的时间，可是对浪费别人的时间却习以为常。这样的人，在剥夺别人时间的同时，也丧失了别人对自己的信任。

在这本书的一开始我就讲过，这个世界上最宝贵的东西莫过于时间。所以，**我们珍惜自己的时间理所当然，但是，我们应该将心比心，同样尊重、珍惜别人的时间。**

珍惜别人的时间，对方也会尊重我们的时间，帮我们节省时间。这样就相当于我们创造出了时间。而且，这样的投资，换来的是别人对我们的信任。所以，如果我们能本着"为别人着想"（For You）的思想开展工作的话，结果会获得好几倍的回报。这也是接下来我要介绍的"'For You'工作术"的基本思想。

●【"For You"工作术 1】ASAP 工作术 ●

我们应该按照工作紧迫度的高低来安排工作顺序，这也是开展商务工作的基本思维方式。但是，如何评价一项工作的紧迫度，却不那么容易。

拿我来说，**我会把那些"让别人等待"的工作放在最优先位置处理。也就是说，我在工作中，大脑中始终有一个 ASAP 意识。**

什么是 ASAP？是英语 as soon as possible 的首字母缩写，字面意思就是"尽可能快"。在美国，这是一句使用频率非常高的常用语。

我在芝加哥留学的时候，曾经有一次我外出吃了午餐回来，发现桌子上有一张留言条，留言的意思是："ASAP 到教授办公室来一趟！"

ASAP 带给人的语感是最紧急、最优先的感觉。

在工作中，如果"对方正在等我们"，而我们回复不及时的话，就会给对方造成麻烦。我们晚 1 个小时的话，对方就得多等 1 个小时，这样算下来，自己和对方总共损失了 2 个小时。

拿我的工作举例，可能更好理解。我的写作工作，涉及一个交稿时间。出版社和我约定一个交稿时间，如果我迟 1 天交稿，就等于浪费了出版社 1 天的时间。而日后出版社的编辑为了挽回这 1 天的损失，就得加班加点工作。可见，我自己的懒惰、拖延，最后都会转嫁到出版社编辑身上。我觉得这是一种很恶劣的行为。

在大多数的时间管理术中，一般会将工作的优先度分成 A、B、C 等若干个等级，再对每个等级进行细分，如 A 等级中又分出 A1、A2、A3……然后按照分好的优先等级，逐个完成工作。

而在我的工作术中，我还会在 A1 这个级别再设定一个 ASAP，"别人在等"的工作一定要最优先做。

如果我们给别人一种"守约的人""守约的公司"的印象，就能赢得别人的信赖。也会不断获得新的工作、新的合约，顾客或客户的回头率也会不断增高，结果就是我们挣到更多的金钱。

严守 ASAP 工作术，就可以同时获得"信任"和"财富"。

●【"For You"工作术 2】提前 30 分钟行动 ●

"不能迟到！"我想对于一个迈入社会工作的人来说，这应该是最简单，也是最应该遵守的一条法则。可是，随着手机的普及，迟到的人越来越多。

和人有约的时候，对方发来一条短信："不好意思，我要迟到 10 分钟。"结果对方往往会被谅解，我们还会回复一条短信："不着急，慢慢来。"似乎这已经成为一种习惯。但非常遗憾的是，这绝对是一种恶劣的习惯。

如果我和别人约在下午 3 点会面，我一定会提前 30 分钟来到约会地点。为什么要提前？因为路上不知会遇到什么情况，地铁故障、乘错地铁、堵车等，存在很多不可预知的因素。所以一般我都会提前半个小时出发，所以不管路上遇到什么情况，我从来都没有迟到过。

我提前 30 分钟到，有人会觉得我损失了 30 分钟时间。可是，提前到的这 30 分钟里，我可以打开笔记本电脑完成一项工作。

15 分钟是我们专注力的一个基本单位，而 30 分钟中包含两个 15 分钟，所以准确地说，30 分钟我可以完成两项工作。而且，我心里知道"30 分钟后对方就要来"，有了这个"时间限定"，我的专注力会更高。所以，这 30 分钟的工作量是我在家工作 30 分钟的 1.5 倍。换种计算方法，提前的这 30 分钟，就相当于创造出了 10 ～ 15 分钟的时间。

另外，提前 30 分钟到场，还有很多方便之处。

比如，如果对方提前 10 分钟到场，那么我们的会面就可以提前 10 分钟结束；如果对方迟到 10 分钟，我就又可以多工作 10 分钟，并不会造成时间的浪费。当我进入专注工作的状态后，根本不会去考虑对方是否迟到的事情。所以即使对方真的迟到，我也不会感到烦躁不安。

而且，我提前来到约定地点，对方来时肯定会很高兴，还会对我表示感谢："您来这么早啊！您真是个守约的人。"

只是提前 30 分钟来到会面地点，就可以让我高效率地工作一段时间。这样不仅能创造出一定的时间，还能获得对方的信任。试问天下哪里还有回报率更高的"时间投资"呢？

● 【"For You"工作术 3】严格守时 ●

我开讲座的时候，一定会按照预定的时间开始。

比如，预定"6 点 30 分开始"，我肯定会在"6 点 30 分"准时开讲。

一分一秒也不会推迟。

有人觉得这不是理所当然的事吗？可是现实中能够准时开始的讲座比我们想象中的要少得多。几乎大部分讲师的讲座，都会比预定时间晚几分钟甚至十几分钟才开始。

假设一场讲座的听众有 100 名，那么推迟 3 分钟开讲的话，100人 ×3 分钟 =300 分钟，也就相当于总共耽误了听众 5 个小时的时间。而讲师也少讲了 3 分钟的内容，这对听众来说，也是莫大的损失。

"因为还有很多人没来，所以我们推迟 10 分钟开讲。"这是讲座开始前主办方经常讲的台词。看似主办方很体谅听众，等所有听众到齐才开始讲座，但我觉得这是最差劲的主办方。

为什么要为"迟到的人"而耽误"准时的人"的时间呢？假设100 名听众，推迟 10 分钟开始的话，100 人 ×10 分钟 =1000 分钟，相当于 16 个半小时，这么多时间还是有点吓人的。所以，讲师仅仅少讲 10 分钟，就会造成这么大的损失。

公司开会的时候，也常会发生推迟的情况。预定下午 3 点开始的会议，就应该 3 点准时开始。可很多公司已经形成推迟几分钟开会的习惯，这也使员工心里产生了一种惰性："反正会延迟一会儿开会，我晚一会儿过去也没关系。"结果，你晚一点我晚一点，就形成了越来越晚的恶性循环。

但如果总经理能够 3 点前来到会议室，并在 3 点准时开会的话，其他人肯定不敢迟到。所以，准时的风气一定要由上层建立起来。

不让别人等待，按照预定时间办事，是对他人时间的最大尊重。

个人对个人时，守时是理所当然的礼貌；团队对团队、集体对集体，面对几十人、数百人的时候，更应该严守时间。

时间观念的不严谨，会让别人对我们丧失信任。而在商务领域，没有信任生意就不可能做成。

由此可见，"严格守时"非常重要。

●"For You"工作术的终极好处●

我们如果能在别人心目中留下"守时的人"的印象，无疑可以提高别人对我们的信任度。试一下您就能体验到这种感觉。

反过来，时间观念不强的人，必然失去别人的信任，随之便会丧失很多工作的机会、生意合作的机会。可是，意识到这一点的人却不多。

不管再怎么忙，我们的大脑中也要时刻绷紧一根弦，就是"不能给别人添麻烦，不能浪费别人的时间"。

拥有一颗为别人着想的心，**践行"For You"工作术，您会发现**

别人的行为也会随之改变。如果您和别人会面，总是提前到的话，对方必然也会提前到，这样就不会出现你等我、我等你的情况，从而节省了很多时间。

听过我讲座的朋友，都知道我"完全准时开始，从不延迟一分一秒"。所以，这些听众肯定会在讲座开始之前就来到会场坐好等我。结果，每当我的讲座开始时，几乎所有听众都已经到场了。节省了等人的时间，就相当于创造了时间。

对时间的紧张感、对讲座的紧张感，等于提高了听众的专注力。所以，听我讲座的朋友学习效率更高、效果更好，他们对我讲座的满意度也很高。只要我一开讲座，就能见到很多老朋友的面孔。

"For You"，在这里就是"为别人着想""珍惜别人的时间"的意思。只要我们的大脑中时刻有"For You"的意识，结果为别人省下的时间都会返还到我们的身上，而且还能赢得别人的信任。"For You"工作术真是一石二鸟的高级工作术。

"最高效的工作"
之二

"趁现在"工作术

"趁现在!"这句话曾经在日本非常流行,不过已经是很久以前的事情了。这句话大约在10年前开始流行,我就把"活在现在"当作了自己的座右铭。

工作不要往后拖,"现在"能做的一定要"现在"就做。这就是"活在现在",也正是"趁现在"工作术。

●【"趁现在"工作术1】2分钟判断术●

马上就能做完的工作,一定不要往后拖,趁热打铁现在就把它处理完。

"马上就能做完的工作",是什么样的工作呢?肯定有人会问:"几分钟内能做完的工作算马上就能做完的工作吗?"

如果不能给"马上就能完成的工作"下一个准确定义的话,确实会使人感到迷惑。比如:"这个工作需要5分钟做完,那我是现在就把它做完,还是放到以后再做呢?""迷惑"就像一个小偷,不知不觉就把我们的时间偷走了。

　　所以，我们必须首先确定"马上就能完成的工作"的判断标准。

　　"马上就能完成的工作"，直截了当地说，就是"2分钟以内可以完成的工作"。迪比特·阿兰的著作《零压力工作术——掌控工作与人生的52个法则》（二见书房）中就是这样写的。

　　"2分钟以内完成"有什么根据吗？为什么不是3分钟，不是1分30秒？其实，并没有什么根据。只是人为地把2分钟作为一个标准。

　　与"这个工作马上就能完成吗？"相比，"这个工作2分钟内能完成吗？"更容易帮我们瞬间判断这个工作是否能够马上完成。所以，人为规定一个时间限制，更加合理。

　　"2分钟之内就能完成的工作"，典型的例子就是回复电子邮件。假设有一封电子邮件需要我们回复，如果我们想"先不回复，等一会儿空闲的时候再回复"，那么，到时候还得重新打开电子邮箱，找到那封邮件，再看一遍……做这一系列动作，至少需要30秒到1分钟时间。

　　如果趁热打铁，现在就回复邮件的话，只需要1～2分钟就解决问题了。而延后再做，就得多花1分钟时间。看似1分钟时间不长，但积累多了也是一笔不可小视的时间财富。

　　所以，"2分钟之内可以完成的工作"一定不要往后拖延，马上就把它解决掉。

•【"趁现在"工作术2】30 秒决断术•

迷惑，是非常浪费时间的一种思维活动。"现在不做决断"的话，那么以后还得花时间把整个事情从头考虑一遍。这不就是浪费时间嘛。

如果您是一名经营者或者管理者的话，您不做出决断，下面的人就不能采取任何行动。也就是说，做决断的时间越长，部下等待的时间就越长，也就相当于剥夺了部下的工作时间。或者说，给公司或团队的前进踩了一脚刹车。

很多人认为"重大的决断，应该多花些时间考虑"，其实这种想法是错误的。

有一种理论叫作"快棋理论"。研究人员曾经让知名棋手看一眼整个棋局，然后让他在 30 秒内决定下一步棋的走法。第二次，则让棋手考虑 1 个小时再做出决断。结果发现，棋手考虑 60 分钟之后做出的决断和 30 秒内做出的决断，有 90% 是一致的。

也就是说，"灵感闪现"或"直觉"的正确率是相当高的。说白点，就是经过深思熟虑后做出的决断和瞬间想到的方案基本上不会有太大变化。考虑 30 秒和考虑 60 分钟得到的结果是差不多的，那么考虑 30 秒就足够了。思考再长的时间，也不会得到更好的判断。

因此，日常工作中的决断，只需 30 秒思考就可以了。这是节约大量时间的窍门。

● 【"趁现在"工作术3】暂时无法决断的事情，就把它判断为"未决"，留给日后决断 ●

　　虽说要在短时间内做出决断，但有些重要的决断，确实是30秒内无法做出的。有的时候，信息不足或对方没有明确回复，我们确实无法做出决断。

　　遇到这种情况的时候，我们可以把这件事判断为"未决事宜"，留给日后决断。比如，"现在无法做出决断，留到5月30日中午12点再做决断"。这也是一种决断，把决断保留到合适的时机再做。

　　这样一来，在真正做决断之前的这段时间里，我们就不用再翻来覆去地思考这件事情了。已经设定了做决断的时间，等到时候信息充足了，再一举做出决断便可。

　　如果不果断推迟决断时间，就会使人长时间迷惑："这件事该怎么办呢？"这种念头会一直盘旋在大脑中。可是，以当前的情况确实无法做出决断，再怎么思考也是无用的，只能浪费时间。

　　而且，我们是无法控制自己的想法的，它们会随时浮现在脑海中。但如果我们把这件事判断为暂时无法决断，那么在最终决断时机来临之前，我们就不会做无用的思考，也不会感到迷惑。

　　担心的事情或未决的事情太多，并不断浮现在大脑中的话，我们大脑中的工作空间就会被大量占用，以至于无法集中注意力，导致工作效率低下。因此，只要把暂时无法决断的事情先放一下，把决断的时机保留到日后，就可以节约大脑的工作空间，提高专注力，也就相当于创造出专注的工作时间。

●【"趁现在"工作术 4 】不是"到什么时间为止"而是"什么时间做"●

当我们把当前无法做出决断的事推迟到日后再决断的时候，有一点非常重要，就是设定日后做决断的具体时间，比如"5 月 30 日中午 12 点做决断"。

但很多人在推迟工作时间的时候，都会以"到 ×× 时间为止"的形式设定期限。因为没有设定什么时候开始做，所以往往到期限的时候，依然没有做完。

所以，类似"这项工作 5 月 25 日之前完成"的设定，在我看来是不合理的，可却是大多数人都在用的方法。

我一般会明确设定工作时间，比如"5 月 25 日 15 点开始做，16 点前完成"。而且，那段时间尽量不要做其他安排，一定要保证空出来，专项时间做专项工作。这样一来，我肯定能在 5 月 25 日完成任务。

"其间"我把它设想成一条线。在"趁现在"工作术中，"现在"是一个点。所以，当我往后推迟工作的时候，我会把未来的时限也看作"点"。我的工作计划，就是"其间"这条直线上，起点与终点之间的无数个点。

我会珍惜每一个点，把专注力聚焦在每一个点上，这样就能把工作任务各个击破。这也是"趁现在"工作术的基本出发点。

● 【"趁现在"工作术 5】"立刻就预约"工作术 ●

在商务交流会上，遇到聊得来的客户，或对方有意向和我们合作的话，对方常会说："这个问题，下次我们约到一起好好聊一下。"但接下来一句话非常重要，如果对方说："下次会面的时间，回头我再和您联络。"那就悬了。

一旦说出"回头再联络"，日后对方再次联络我们的概率就很低了。那么现在这 10 分钟、15 分钟的交流，就成了美丽的肥皂泡，很快就破灭了。

即使对方真的和我们联络了，也要通过反复多次互发邮件、短信，花很长时间才能协调好彼此的时间，确定会面时间和场所。

在这种情况下，我建议**当即和对方约定下次会面的时间**。

如果您也真想和对方详谈的话，当对方发出邀请的时候，您应该马上问："那我们哪天碰面呢？"然后拿出日程安排表，确认自己有空的时间，当场和对方敲定会面时间。这个过程可能只需要 1 分钟时间。

说"回头我再和您联络"的人，是不会把握"现在"的人。

这样说的人，可能对您并没有兴趣，只是出于社交礼仪说了一句客气话。当您马上问一句"那我们哪天碰面呢？"，如果对方犹豫不决，或者干脆回一句"我最近工作安排得比较满，等日后再说吧"，那就说明他并不是真的想和您再次会面。

如果对方真的对您感兴趣，或对您的工作感兴趣，不管他最近有多忙，也会安排出时间和您再次见面的。

"立刻就预约"工作术，可以瞬间弄清楚对方是否真的想要约您。从某种意义上来说，这种工作术是一种高级的心理技巧。

•【"趁现在"工作术6】和善于"把握现在"的人一起工作•

常说"之后再和您联络"的人，并不一定都是不好的人。他们也可能是非常谨慎的人，不想先做承诺，然后做不到。但是，我不会和这样的人一起工作。因为和他们一起工作，我的时间耗不起。

在我的眼中，这个世界上只有两类人：一类是善于把握现在的人，另一类是不善于把握现在的人。

日本高级健身房RIZAP（莱札谱）的口号是"只看结果"，但我的座右铭是"活在现在"。

善于把握现在的人，大多也是"趁现在"工作术的实践者。类似"做，还是不做？""参加，还是不参加？"的问题，他们立刻就能做出决断，要做的话，马上就能定下时间。

和这样的人一起工作，我能感受到工作中的速度感，很带劲。善于"把握现在"的人，会在第一时间回复我的邮件或短信，他们的工作保证按时完成，而且质量相当高且细致。和这样的人合作，我们都会相互尊重对方的时间，工作起来很舒心。

所以，当您在选择合作伙伴的时候，应该把能否"把握现在"作为一个选择标准。

和这样的人合作，工作时间更短，质量更高。也就相当于创造出了更多的时间。

● 【"趁现在"工作术7】人生也要"把握现在" ●

除了在工作中把握现在，我还把它当作了一种生活方式。

怎么才算把握现在呢？简单地说，即"现在就做""马上就做""不往后拖延"，竭尽全力把现在的一分一秒过好。

一件事情如果不能马上做完，至少也要在今天之内做完。今日事今日毕，工作和娱乐都是如此。

今天的工作任务，我一定会在今天完成，这就是激励我每天努力工作的小目标。

娱乐也是如此，如果有好朋友约我今天晚上去唱卡拉OK，而我很想去的话，白天的工作再多，我也会欣然接受，不会推辞说："下次再约。"因为我会顺应本能生活。有了晚上的约会，白天我会更加专注、高效地工作，一定会在晚饭前把工作做完。晚上我就可以去放松了。像这样，不管工作还是娱乐，我都会全力以赴。假如您只剩1天的生命，您会选择怎么过？我依然会选择把握现在的生活方式，

因为这种活法让我不后悔。

如果能把握现在，人生就没有遗憾。

如果有人问："假如用时间机器把您送回到 1 年前，您会怎么过这 1 年的时间？"我敢果断地回答："还选择过去 1 年的生活方式。"

我为什么会如此坚定地选择同样的生活方式，而不尝试其他的过法呢？因为过去的 1 年我已经做到了让自己 100% 满意！再重新活一次的话，选择其他活法，不会比我现在过得更好。因为过去的每一天我都尽了力，其他活法保证不会更精彩。

您也应该从今天做起，把握现在，改变人生！

"最高效的工作" 之三

并行工作术

● 不要再"一边做这个一边做那个"●

很多朋友上学的时候可能都干过一边听收音机一边写作业的事，但这样做学习的效果好吗？长大后，也有的人一边听音乐一边工作，这样做效率高吗？

随着脑科学的发展，科学家给出了这个问题的答案。很多脑科学学术论文显示，人脑是无法同时进行多任务运转的。从脑科学来讲，人脑无法同时处理两项任务。可是您会说，当初我一边听收音机一边学习，好像也没有相互影响啊。从表面上来看是这样，但实际上，我们的大脑并不是同时进行两项工作，而是两项工作在大脑中不停地高速转换。

举例来说，一边看电视一边看书，从表面上来看也是可以做到的。

但实际上，只是大脑中负责看电视的区域和负责读书的区域在高速交替工作而已。1秒钟内，就可能交替了好几次，因为交替太快，所以从表面上来看我们是在同时做这两件事情。

从结论上来说，"一边……一边……"不仅不能实现双赢，还会拉

低两者的效率。能把效率拉低到什么程度呢？如果同时做两件比较难的事情，那么同时做这两件事所需要的时间，比先后单独做这两件事所需要的时间加起来还要多。也就是说，如果单独做一件事情需要1个小时的话，那么两件事情同时做，可能需要花2个小时以上的时间。

●不要"一边……一边……"而是"并行工作"●

同时做两件事情，会降低大脑运转的效率。最浅显易懂的例子莫过于一边走路一边看手机。在马路上一边走路一边看手机的人经常会撞到别人，甚至还有等地铁的时候掉下站台的事故。也就是说，这样做的时候，人的注意力非常低。

要想工作的时候同时做另外一件事情，基本上是不可能的。

不过也有一种例外，如果同时做的那件事情非常简单机械的话，倒是不会影响另外一件事情。比如，乘坐地铁的时候读书。乘地铁的时候，不是坐着就是站着，同时看书是不会受到影响的。

还有泡澡的时候看书、思考问题。因为泡澡的时候，人只是静静地躺在浴缸中，完全可以同时做另外一件事情。而且，泡澡的时候人处于一种极度放松的状态，不容易被杂念干扰，专注力很高。这时不仅适合看书，还适合思考创意性点子。世界上不少伟大的创意，就是在浴室中诞生的。

再比如，一边散步一边思考也是有好处的。散步可以提高人脑的活力，这时思考，也容易迸发出闪亮的思想火花。

像前面讲到的那样，乘地铁、泡澡、散步等非常简单、机械的动作，就可以同时进行学习、工作或思考。为了与"一边……一边……"加以区别，我给这种工作方式取了个名字，叫作"并行工作"。

上下班乘坐地铁的时候看书，那么坐 1 个小时的地铁，就相当于创造出了 1 个小时的读书时间。

泡澡 30 分钟的同时思考创意点子，就相当于创造出了 30 分钟的思考时间。而且，与坐在办公桌前思考相比，泡澡的时候思考效率可能更高。泡澡的 30 分钟同时思考，没准能收到平时 40 ~ 60 分钟的效果。这个投资回报率已经很高了。

由此可见，"一边……一边……"只能使注意力分散，而合理搭配的并行工作，却能让效率显著提高。时间管理达人，通过并行工作的方式一天甚至能创造出好几个小时的额外时间。

对于东京人来说，每天上学、上班以及其他情况乘坐交通工具移动的时间相当惊人。据统计，住在东京郊外而在市区上班的人，上下班单程乘坐地铁的时间就得花 1 个小时，那么一天就有 2 个小时在地铁中度过。每天除去睡眠时间，乘坐地铁的时间就占了清醒时间的 10% 以上。

如果能把这 2 个小时有效利用起来，我们每天都将收获一笔莫大的财富。

我乘坐地铁的时候，一般有三种利用方法：读书、"耳学"和思考。

●【并行工作术 1】移动读书术 ●

一提到读书，很多上班族朋友就皱起了眉头，"没有时间"是他们的理由。但是，上下班乘坐地铁的移动时间，就有 2 个小时呢。

我每个月要读 20 ~ 30 册书，而且我一般不在家里读书，所以这些书基本上都是我在地铁里读完的。也就是说，只要我下定决心，利用乘坐地铁的时间每月也能读这么多书。

即使读不了这么多，那一个月 5 本书总能读完吧。上班族朋友一天坐地铁 2 个小时，一个月就有 40 个小时左右的读书时间，读 5 本书还是绰绰有余吧。

接下来我就为您介绍乘坐地铁时的高效读书法。

● 确定今天要读的书 ●

早上出门上班之前，先确定今天要读什么书，然后把它装在提包中。是我的话，下班回家的时候，那本书已经读完了，我基本上一天要读一本书。

像我这样给自己的阅读定量——每天读一本书，对有些朋友来说可能比较困难。但至少要给自己的阅读计划设定一个目标。设定目标之后，人体就会分泌多巴胺，从而增强实现目标的动机，提高专注力，学习效率和效果也会随之提升。

　　一天读完一本书，习惯之后，将是一个非常不错的读书节奏。假如今天读一本书还剩 20 页没有读完，那么乘坐地铁时除了要带一本新书外，还得把这本书带上，带两本书好麻烦。这样一想，我就会想方设法在今天把这本书读完。不让一本书过夜，也有利于整体把握书的内容，更便于系统记忆。

　　一天读完一本书，可能有些朋友实在做不到。那可以从"一周一本书"开始，坚持一段时间，随着阅读能力的提高，自然就可以实现"三天一本书""两天一本书"直到"一天一本书"。看着自己的阅读能力提高，阅读量不断增加，您也能感到无比的欣慰和莫大的成就感。

　　设定阅读目标之后，就一定要严守约定，为了实现目标而努力。这样一来，乘坐地铁的时候您就不会再想玩手机游戏，看微信、微博了。实在想看手机的话，也要等到把书读完才行。这样的设置，更能激发我们读书的欲望。

　　设定合适的目标可以为我们带来适度的压力，而适度的压力有助于专注力的提高。

●读书之后，一定要有输出●

　　读完一本书之后，不能就此了事。读书是向大脑中输入信息，而读完之后还要有输出。所谓输出，就是把读书的感想、学到的知识写出来。光读书而不输出的话，很快就会把书的内容遗忘，再回忆时也缺少提示点。那样的话，读书的意义就大打折扣了。

可是，要在地铁里拿出本子和笔写读书感想，确实有点难为人，不过可以回家之后再写。如果不想写字，也可以把读书感想发表在Facebook、微博、微信等社交媒体上。

最简单的读书输出法叫作"**3 点输出法**"。就是用 3 个要点来总结这本书带给您的收获，每一点只需写一行字就够了。用这种方法为一本书写读后感，只需 3 分钟即可。

关于读书后的输出法，拙作《过目不忘的读书术》（Sunmark 出版）中有详细介绍，感兴趣的朋友可以找来读一读。

● 活用电子书 ●

上下班高峰期，在拥挤的地铁里捧着一本书看，简直不太现实。在这种情况下，我建议大家使用电子书。

手机、平板电脑、Kindle 等都可以看电子书。而且这些电子设备体形小巧，一只手就可以拿着看，还能单手翻页，另一只手提提包就行了。

读书速度快的人，一天一本书可能不够看，那么下班回家的地铁上就会有空余时间，可是带两本纸质书又不方便。

有了电子书就不存在这个问题了，可以下载存储好多本书，看完

一本就能接着看第二本。

而且电子书还有一个好处，对书中内容的勾画也比较方便。

我读书的时候有个习惯，遇到好的句子、段落，我会用笔进行勾画。但是读纸质书的话，在拥挤的地铁里就不方便用笔勾画了。电子书在这方面又有了优势，它可以通过手指的操作在文字上进行勾画。

●【并行工作术 2】耳学●

常坐地铁的人都知道，乘坐地铁的人有很多都戴着耳机听音乐。

但并不是所有人都在听音乐，也有人在听学习资料。我乘坐地铁的时候，就曾从旁人耳机传出的微弱声音中听出他是在听英语。当时我很感动："啊！原来这个年轻人利用乘坐地铁的时间在学英语。"

听音频教材进行学习的方式，我将其命名为"耳学"。在地铁中，特别是拥挤的地铁中，耳学的学习效果是非常好的。

首先，戴耳机听学习资料时，双手被解放了出来，可以提书包或拿其他东西。

在拥挤不堪的满员地铁中，有的时候想看书也没有空间，就连拿电子书看都不方便。这个时候，戴上耳机听学习资料就成了不错的选择，既不影响别人，还能学到知识。何乐而不为呢？

经常戴耳机学习的人肯定都有体会，耳学时的专注力是相当高的。闭上眼睛"进入自己的世界"，就像在家里安静地学习一样。原因很简单，闭上眼睛，可以隔断外界的视觉信息，戴着耳机，就不会受到外界的噪声干扰。因此，此时此刻就相当于进入了一个静谧的私人空间。没有外界的干扰，学习效率自然高。

乘坐拥挤的地铁本身就让人疲惫，看着周围乘客疲倦的面容，我们也会受到负能量的影响。但是，戴上耳机学习，沉浸在自己的世界中，便和外界的负能量自行隔离了。这样乘坐地铁也不会感觉疲惫。

只要有一部手机和一副耳机，谁都可以开始"耳学"。真是一种既简单易行，门槛又低的学习方式。

下面我推荐一些"耳学"的内容给大家：

1.Kindle 中的读书音频。

2. 外语学习音频。

3. 动画片的音频。

4.YouTube 中的音频。

5. 播客软件中的音频。

等地铁的时候、在路上走的时候、骑自行车的时候，都可以听。

把耳学利用好了，一天至少可以创造出 2 个小时用于自我投资的学习时间。日积月累，就变成了一笔惊人的财富。

而且，早上上班时在地铁里戴耳机学习，还把大脑的黄金时间利用了起来。

假设两个人都有智能手机，可是一个人用它来玩游戏，另一个人用它来听学习资料，10 年之后，这两个人会变成什么样子？他们会有什么样的差距？您可以试想一下。

•【并行工作术 3】思考•

在并行工作术中，思考也是我很喜欢的一种方式。

但我所说的思考，并不是漫无目的、天马行空的胡思乱想。

举例来说，每天早晨起床后，洗澡前，我会先给自己设定一个思考的主题，比如"今天的网络杂志该写些什么呢？"。

然后进入浴室开始冲淋浴。当我洗完澡，走出浴室的时候，一般已经找到了写作的灵感。

这也算得上是一种"限时工作术"。我冲澡的时间也就 10 分钟左右，所以给自己的思考时间也只有 10 分钟，为了在这么短的时间里想出写作的主题，我必须高度专注地思考。随着大脑飞快地运转，我每次都能在 10 分钟之内想出好的点子。

如果坐在书桌前再开始思考"今天的网络杂志该写些什么呢？"，也需要花 10 分钟左右才能获得灵感。可是，这可是大脑的黄金时间，10 分钟时间相当于平时的 4 倍，也就是 40 分钟左右。

可是，**我在洗澡的同时就把需要的内容思考好了，这 10 分钟的并行工作，相当于创造出了平时 40 分钟的工作量。**

我在前面讲过，受大脑机能的限制，我们人类不能同时把两件事情都做好。但对于洗澡这种简单的动作来说，只要习惯了它的流程，洗澡的过程基本上不用大脑参与，按照身体的记忆一步接一步地做就行了。而且，早晨冲淋浴，可以唤醒我们体内的交感神经，让大脑进入清醒模式，反而容易想出好的创意。

上厕所的时间。

从家走到地铁站的时间。

从乘上地铁到下车的时间。

上述时间段都适合并行工作术，我强烈建议您可以在这些时段来思考。

也许以前您洗澡的时候、上厕所的时候、从家走到地铁站的路上，什么都不想。您可以尝试一下在这样的时间里思考、判断、做决定，不仅能节省时间、创造时间，还能给工作带来不一样的乐趣，说不定还能获得意想不到的灵感呢。

第六章

把自由时间利用到极致的
自我投资 & 自我更新术

　　利用"神之时间管理术"，一天至少可以创造出 1 个小时的自由时间。可是，这 1 个小时的自由时间该如何使用呢？这个问题的答案将对我们的人生产生极大的影响。

　　关于自由时间的使用方法，我推荐三个："投资自己""主动性娱乐"和"享受"。接下来我就为大家详细介绍这三个方法。

"最好的自由时间"
之一

自由时间不要用于工作

● 工作不追求"量"而应该提高"质" ●

使用我介绍的时间管理术，一天至少能够创造出 1 个小时的自由时间。这 1 个小时的自由时间，您打算怎么过呢？

我估计最多的回答可能是"工作"。"我想有更多的工作时间""我想再多干点，干出成绩来""增加工作时间，就能提高收入"……

热心于工作并不是坏事，但通过使用时间管理术创造出来的时间，一定不要再用于工作了。

如果您把创造出来的 1 个小时的自由时间用于工作，那么，利用时间管理术在工作的这 1 个小时中还能创造出一些自由时间。如果再把这些自由时间投入工作，就没完没了了。

结果会怎么样呢？原本一天 9 个小时的工作时间，变成了 10 个小时，随后又增加到 12 个小时、13 个小时，最后很可能一天工作 14 个小时。这样一来，一天之中除了睡觉、吃饭，几乎全在工作了。

如果这样工作能够干出成绩、提高收入的话也值得，可非常遗憾的是，结果往往事与愿违。

没有轻重缓急的生活，最终等待我们的只有生病。

该休息的时候不休息，造成睡眠不足、运动不足的状态，还连续高强度工作的话，迟早是要生病的。不是身体疾病，就是心理疾病。

实际上，我的患者中很多就是由于工作过度出现的问题，我的朋友中也有很多类似情况。有的人抑郁症已经相当严重，甚至想自杀了。而我的朋友中，去年一年就有 3 个人被诊断出了癌症，而且其中两人只有 40 多岁。

"工作狂"一旦说出"我喜欢工作，不休息也没关系"之类的话，就说明已经出问题了。

如果把自由时间也投入工作的话，那工作时间就会无限增加。

如果您想"多干点工作""干出成绩""提高收入"的话，那最好从提高工作效率上想办法。

我们首先应该把每天的工作时间限定在 9 个小时，不要加班，然后考虑该如何在固定的时间里做尽量多的工作。如何提高工作的效率、密度、质量和精度才是重点。

即使不增加工作时间，也完全有办法提高工作质量和工作数量。

根据我的经验，工作效率提高 3 倍是完全可以实现的。

● 将工作效率提高 3 倍以上 ●

有人可能认为，即使工作效率提高了，完成的工作量也增加不了多少。但实际上，根据我的经验，如果工作效率提高 3 倍，那么工作量也会大幅增加。

以我为例，我作为一名神经科医生，同时也是一名作家，我的人生目标是"写出预防疾病的书籍，帮助更多的人"，而且我也把写作当作了自己的职业。

2007 年，我正式成为一名专职作家，但那个时候，一年出版一本书已经是我的极限了。可是最近这 5 年，我每年的平均出版量已经达到了 3 本。

以前每年只能出版一本书的我，现在竟能一年出版 3 本书，我是怎么做到的呢？

也就是说，我写作的工作效率提高到了以前的 3 倍。

再有，我 2007 年出版的书籍，一本的销量只有 5000 ~ 10000 册。而最近出版的书籍，一本最少能销售 30000 册，最多可以销售到 15 万册以上。这说明我的写作水平提高了，可以为读者写出质量更高、更有用的文章了。读者认可了书的内容，才会买账。

我出版的书籍，从销售总量来看，由一年 10000 册上升到了一年 10 万册，版税收入也随之提高了约 10 倍。

现在我每年要写如此多的书，版税收入也增加很多，可写作时间与 10 年前相比反而减少了。说明我的工作效率提高了，可以在更短的时间里写出质量更高的文章。

　　我个人觉得，自己的作家职业这 10 年算是成功了。10 年来，我的工作效率提高了 3 倍，收入增加了约 10 倍。对我来说，这真是一个了不起的成就。

"最好的自由时间" 之二　　投资自己

● 投资自己的主要专长 ●

工作效率提高 3 倍以上绝不是天方夜谭。其中的秘诀就在于花时间投资自己的专长。

拿我的写作工作来说，什么技能最重要呢？当然是"写"。

我每天写作的时间是 3 ~ 6 个小时不等，平均 4 个小时左右。如果我能将工作效率提高 1 倍的话，结果会怎样？

那么一天就可以创造出 2 个小时的时间。一年合计 730 个小时。

730 个小时相当于一个月的时间。可见，**如果能提高自己工作中的主要专长，一年 12 个月就可以变成 13 个月。**

把写文章的速度提高到原来的 2 倍？这怎么可能？肯定会有人产生这样的怀疑。但只要掌握了正确写作的方法，任何人都可以做到。

如果让您写文章的话，1 个小时您能写满几页稿纸？我一般可以写 5 页以上。状态好、专注力高的时候，我甚至可以在 1 个小时里写完 7 ~ 8 页稿纸。

刚开始写作的时候，我的速度也没有这么快。但经过刻苦学习写作方法、反复磨炼写作技巧，我的写作速度很快就提高了。现在我写文章的速度几乎和思考差不多快，想到的同时基本上就写出来了。

写文章的技巧，最初应该先确定文章的结构。仅仅是这样，就可以将写作速度提高到原来的 2 倍。因为大脑中已经有了文章框架之后，在写的过程中就不会额外花时间思考接下来该写什么。

我开始创作一本书的时候，首先会写一个 20 页左右的目录，也就是提纲，或者说就是整本书的结构框架，也有人把目录称为一本书的设计图。有了这份设计图之后，再往里面添砖加瓦就快多了。

练好写文章的技巧之后，写作速度提高到原来的 2 倍完全不是问题。

而且，一旦写文章的速度提高了，想慢慢写都不容易了。因为**工作技巧一旦掌握，就会陪伴我们一生**。

● 您的专长是什么 ●

花时间投资自己在工作中的专长，可以大幅提高工作效率，从而创造出更多的自由时间。每年创造出数百小时的自由时间，还是相当可观的。

我所说的专长，是指工作中需要的主要能力。您的专长是什么呢？

像我一样以写作为职业的人，当然应该磨炼写作技巧。

整天对着电脑工作的人，就应该学习电脑知识。

从事会计工作的人，应该熟悉会计政策、制度以及记账的技巧。

程序员，则应该不断学习最新的编程知识。

推销员或业务员，应该锻炼自己的社交能力、语言表达能力。

把自己工作所需的专长磨炼得炉火纯青，便可以大幅提高工作效率，从而创造出更多的时间。

获得了大量的自由时间，还应该把其中一部分时间用于自我投资，进一步提高自己的主要专长。

结果可想而知，工作效率不断提高，自己持续成长，同等时间内完成的工作量成倍增长，这样不就能创造出更多的自由时间了吗？不就能有更多时间用于自我投资了吗？

利用时间管理术创造出来的自由时间用来投资自己，提高工作能力，让自己成长的同时也提高了工作效率，从而创造出更多的自由时间。这样，我们的人生便进入了一个良性循环的轨道。

用自由时间投资自己，加速自己的成长。关于这一点，本田直之先生的《杠杆时间术》（幻冬舍新书）、小室淑惠女士的《工作·生活·平衡》等书籍中都有讲述。在事业上取得成功的人、实现自我成长的人，无一例外都不惜时间用于自我投资。

● 除了主要专长，还要提升其他工作能力 ●

利用自由时间学习、充实自己的人还是很多的，这是一个好习惯。但大家都在想：学些什么呢？自由时间学什么，将对您的人生产生很大的影响。

比如，现在很多人都在学英语。如果您的工作需要用到英语，那么英语就是您的主要专长，确实应该优先把时间投入到英语学习中去。

但是，现在很多朋友学习英语的理由是"现在并不急用英语，为了将来做准备才学习的"。

这些朋友能有这样的远见，真是很了不起。但是我认为，在学习英语之前，应该把当前工作所需的主要技能放在优先学习的位置上。

在这种情况下，对"主要专长"的投资，是很快就能见效的"短期投资"，而学习英语则是面向未来的"长期投资"。

投资主要专长可以提高工作效率，创造出更多的自由时间，然后再去做长期投资，学习其他本领。这就像通过短期投资积累资金，然后为了获得长期、稳定的回报，再把资金投入到不动产等长期投资中去。

所以，您应该首先锻炼自己的主要专长，培养创造自由时间的能力。然后再把创造出的时间用于学习其他能力。这才是投资回报率最高的学习方法和时间管理术。

"最好的自由时间" 之三　　　主动性娱乐

●"读书"可以提高专注力，"看电视"则会降低专注力●

工作固然重要，学习也很重要，但娱乐同样重要。

通过学习、实践我的"神之时间管理术"，创造出来自由时间，除了学习，还应该做什么呢？用来娱乐啊！

自由时间就该用于娱乐。但娱乐的方式、方法很重要，毫不夸张地说，娱乐的方式甚至能影响您的人生。

虽然都叫娱乐，但娱乐也分很多种。我建议您把时间用在那些能够帮助自己成长，为人生助力的娱乐上。

德国研究人员曾经进行大规模调查，结果发现，越是喜欢读书的人，越容易获得"心流"体验，而经常看电视的人，则很少获得这种体验。调查报告还显示，体验到"心流"最多的人，都是爱读书而基本上不看电视的人。反之，从未体验过"心流"的人，基本上都是天天看电视的人。

所谓"心流"，就是一种完全忘我的、专注力高度集中的状态。

换句话说，经常能够体验到"心流"的人，专注时间比较多；而无法体验到"心流"的人，则经常处于注意力涣散的状态。

如果用我的表达方式来形容德国学者的研究成果，那就是，**多读书相当于锻炼专注力，而看太多电视只能分散专注力**。

注意力不集中是无法静下心来看书的。有读书习惯的人，其实就是在锻炼自己有意识地将注意力集中到某个对象身上的能力。

而另一方面，看电视的时候，人可以不用多想，思路只跟着电视节目走就行了，不需要太多专注力。所以，看电视就相当于一种分散注意力的负面锻炼。

再说得简单一点，读书是提高专注力的锻炼，而看电视则是降低专注力的锻炼。所以，如果您获得了 1 个小时的自由时间，您会用来读书，还是看电视呢？

● 被动性娱乐与主动性娱乐 ●

在我看来，娱乐大体上可以分为两类。

一类是基本不需要专注力，也不需要什么技巧的"被动性娱乐"，典型代表就是看电视。另一类是需要专注力、设定目标，并需要不断提高技巧的"主动性娱乐"，比如读书、体育运动、智力游戏（象棋、围棋等）、演奏乐器等。

提出"心流"概念的人，也是关注专注力的第一人——心理学家米哈里·希斯赞特米哈伊教授。米哈里·希斯赞特米哈伊教授曾经说：

"心流体验可以促进人的成长，而被动性娱乐不会带来什么好处。"

主动性娱乐是提高专注力的一种训练，可以促进人的成长，而被动性娱乐则没有这个效果。

不仅如此，米哈里·希斯赞特米哈伊教授的研究还显示，使人感到"没有兴致"的娱乐中，体育运动、智力游戏只占16%，而看电视占到了38%。可以说，看电视在各种娱乐中，是最能降低人们生活热情、兴致的一种娱乐方式。

有学者还对老年人的生活习惯与认知障碍症发病率的关系进行过调查研究，结果发现，喜欢读书或下棋的老年人，患老年痴呆症的风险明显偏低。

而预防老年痴呆症，就需要对大脑进行刺激，锻炼大脑的活力。

需要专注力和一定技巧的主动性娱乐，既是一种娱乐方式，同时也是锻炼专注力和大脑的方法，而且还能预防疾病。从这个意义上来讲，花时间在主动性娱乐上，是一种回报率很高的时间投资。

如果您获得了1个小时的自由时间，您会用来进行被动性娱乐，还是主动性娱乐呢？虽然同是娱乐，但我建议大家还是应该把时间花在更有意义的主动性娱乐上。

● 把看电视时间减少三分之二的方法 ●

看电视，是一种被动性娱乐，前面也说了它的不少坏话。但其实看电视本身并不是坏事，只不过要把握好尺度。适当地看电视，可以把握时下新闻和最新的信息。

看自己想看的电视节目，并不算浪费时间。看电视最大的时间浪费是无意间看了"本不想看的节目"。

但是，现在的电视节目设置都非常有"心机"。一个节目结束，马上就进入了下一个节目，而且，在这个节目开始之前，已经插播了好几次节目预告，从而勾起观众想一探究竟的欲望，原本没打算看的节目，不经意间也跟着看了下去。

对于不想看的电视节目，我有一个方法可以杜绝陷入其中。那就是"把想看的节目录下来，有时间的时候再看"。这样就可以大幅减少看电视时不小心浪费的时间。

除了新闻节目和实况转播的体育比赛，其他节目如专题片、电视剧、综艺节目等，都可以录下来以后看。因为只录了自己想看的节目，所以日后看录像的时候，不可能看到其他"本不想看的节目"，也就不会浪费时间。

实际操作起来您还会发现，录之前可能对这个节目非常期待，特别想看。可是录好之后，那种强烈的欲望已经变淡了。录像带放在那里，日后不知道还会不会看。

我一般会把想看的节目录满 10 盘录像带后，再按照"喜欢"的顺序从头看起。最想看的节目，优先看。

可是，录了这么多节目，根本看不过来，于是录像带越积越多。

到最后，往往是好多录的节目根本没看，就删除再录新节目了。根据我的经验，在录好的节目中，有三分之二都不会去看。

也就是说，这个方法可以帮我把看电视的时间削减三分之二。

原本每天看 3 个小时电视的人，一个月花在看电视上的时间就有 90 个小时之多。如果用了我的录像方法，那么每天可以省出 2 个小时，一个月就是 60 个小时。一个月创造出 60 个小时的自由时间，用来做其他有意义的事情，肯定会有不小的收获。

● 将看电视变成主动性娱乐的方法 ●

前面讲过，看电视是被动性娱乐的典型代表，看太多电视不会给自我成长带来任何好处，还浪费时间。同样是娱乐，我还是建议大家多参与主动性娱乐。但我还有一个方法，可以把看电视由被动性娱乐变成主动性娱乐。

其实方法很简单，就是在看电视之后，要有所输出。电视节目中的经典内容，可以记录在本子上，遇到不懂的地方，可以通过研究把它弄懂。

"集中专注力""设定目标""不断提高技能"，这是主动性娱乐的特征。所以，我们看电视的时候，可以有意识地集中专注力、设定目标、不断提高技能，把看电视转化成一种主动性娱乐。

为此，只需在看电视之后有所输出就行了。

　　我喜欢看一档叫作《情热大陆》的人物专访节目，每次看的时候，我都会记住受访人物的两三句经典名言。节目结束后，我会把我对这期节目的感受、学到的知识以及那两三句名言记录下来，发表在Facebook 上。

　　与漫不经心地看电视不同，我看电视是有意识的积极的学习，也可以说是贪婪地带着求知欲在看电视。而且，事后通过输出，可以在头脑中对节目内容进行整理，以便长久地记忆。有的时候，节目中采访的人物还会引起我浓厚的兴趣，我就会在网上查阅这个人的资料，深入了解这个人，还会买他的书来看。

　　像我这样，以输出为前提看电视，就会集中专注力、设定目标，还要不断提升看电视的技巧。这样一来，看电视不就变成了一种主动性娱乐了吗？同样的节目，花同样的时间，但看的方法不同，结果也不一样。我的看法，就能促进自己的成长。

　　不仅看电视可以转变，看电影、聚餐喝酒同样可以转变成主动性娱乐。看电影时，如果只是任由思路跟着电影情节走，那就无异于一种被动性娱乐。如果以输出为前提去看电影，就能以更高的专注力留心电影中的细节，学到更多的东西。这样看电影就是主动性娱乐。

　　晚上和朋友聚会喝酒，如果只是肆意放纵，那就是被动性娱乐。我们可以主动和朋友聊些深入的话题，通过交流学到别人的思想。回家后把新的思路记录下来，就变成了主动性娱乐。

　　旅行也是如此，如果只是下车拍照、上车睡觉，就是被动性娱乐。旅行的时候，我们应该提前做好规划，设定游览目标，写旅行日记。这样的旅行收获更大。

把输出变成一种习惯，那么您的被动性娱乐都能转化为主动性娱乐，原本浪费的时间也就变成了自我投资的时间，您也能得到更快的成长。

有了输入，就要有输出。输出也是一种学习，让我们不断成长。具体的输出方法可以参见拙作《毫无浪费的学习术》（Sunmark 出版）。整本书讲的都是输出的方法。有兴趣的朋友可以参考一下。

减少被动性娱乐，增加主动性娱乐。多参与主动性娱乐，有助于我们提高在工作中的专注力。娱乐、玩耍并不单单是"消费"时间。主动性娱乐是可以创造出时间的"自我投资"。

"最好的自由时间"
之四

改变人生的放松时间

●一流的"工作人"也是一流的"趣味人"●

日本人非常不善于享受。在日本社会中，献身工作的人受到尊敬，这是主流思想；热衷于玩耍、娱乐的人，会受到蔑视。

结果，在"工作至上"的压力下，人们也不得不选择从众。所以，日本社会能够容忍那些强制要求员工无薪加班、无故延长工作时间的企业。

在我看来，人在白天需要努力工作，而晚上就应该享受人生，缓解压力、恢复精力。

这也是本书所推崇的时间管理术的基本出发点。

但现实中大多数上班族白天拼命工作，到了晚上还要加班，甚至不惜缩减睡眠时间也要加班工作。这样的工作模式，短时间内可能行得通，但如果持续 10 年、20 年，人肯定是要生病的。

我们都知道，睡眠不足对人的危害很大，但娱乐不足同样有害健康。辛苦的上班族朋友，多花些时间来娱乐、放松吧！

我很少看电视，只偶尔看《热情大陆》《智者流》等人物专访节目。

这些节目会以鲜活的例子为观众介绍成功人士的人生成功秘诀、事业成功秘诀。我能从中学到很多东西。

我发现，在这些节目中登场的一流"工作人"中，有一个共同的特征，就是他们都拥有至少一个极度痴迷的"兴趣爱好"。他们会花大量的时间、精力、金钱在这个爱好上，有些人已经把爱好做到了接近极致的水平。

工作中的专注力和玩乐中的专注力，从性质上来说是一致的。在爱好或玩乐中能够发挥 100% 专注力的人，在工作中也能发挥 100% 的专注力。

在玩乐、爱好中都无法集中注意力的人，却要求他在工作中保持很高的专注力，那是不可能的。因为不管做什么，他用的都是同一个大脑，不会在不同的情况下出现太大的差异。

"痴迷于兴趣爱好之中"其实是锻炼专注力的最好方法。因为真心喜欢，我们才会忘记时间、忘记自我，不觉得辛苦，也只有这样才能发挥出最高的专注力和潜能。

专注力 × 时间 = 专注时间。

工作也好，爱好也罢，能够发挥高度专注力的人，拥有更多的专注时间。这样的人不仅工作效率高，工作质量也高。

所以，一流的"趣味人"一定也能成为一流的"工作人"。

● 享受现在的人才能获得幸福 ●

我想问大家一个问题，您从心里感觉快乐的时候，一般都是什么时候？

我是在看电影的时候。

我在看电影的时候，会把其他事情全部忘记，全身心投入到电影的世界中。我会随着电影的情节兴奋、紧张、狂喜、感动、流泪……对我来说，看电影是最快乐的时光、最幸福的时光。

电影结束之后，我会从心底感叹："啊，真开心啊！"

每月看 3 部电影，我的快乐时光就是原来的 3 倍，看 10 部电影，就是 10 倍。如果一辈子不停地看下去，那将是多么幸福的事啊！所以，我一直坚持看电影。或者不该用"坚持"这个词，因为我最喜欢看电影。

首先要了解自己最快乐的瞬间是什么时候，然后不断增加这样的瞬间，人生就会越来越幸福！

品味美食、旅行、和宠物一起玩、和恋人在一起，不同的人有不同的幸福时光，只要努力去增加这样的时光，人生就会更幸福。因为人生就是由一个一个瞬间组成的。

这就是幸福人生的诀窍所在！

您现在拼命地努力，不惜牺牲休息、娱乐的时间，也许心中总期待着 10 年后会迎来"幸福的未来"，但真有"幸福的未来"

在前面等待吗？事实并非如此，"未来"只存在于我们的想象中，而真实存在的只有"现在"。未来，只是无数个现在联结起来形成的。

也就是说，现在的瞬间无法感受到"小幸福"的人，是无法得到幸福人生的。现在的幸福感为 0 的人，不可能在未来的哪一天幸福感突然上升到 100。

幸福感再小也没关系，只要今天能感受到它，现在能感受到它，人就会幸福。所以我们要学会寻找小幸福感的能力。

换句话说，**"幸福的时光"正是构成幸福人生的基本要素**。

为了未来，"忍受"现在的人，一生都会在"忍受"中度过。

所以，只要您获得了自由时间，不管是怎么获得的，也不管时间长短，都应该优先把它用在"享乐"上。

但绝不应该把来之不易的自由时间浪费在看电视、玩游戏等表面愉悦的项目上，而应该寻找那些能让您从心里感受到快乐的娱乐项目。

● 竖起接收快乐的天线 ●

您从心里感觉快乐的时候，是在做什么的时候？我向很多人问过这个问题。但令我意外的是，回答"不知道"的人竟然很多。

不知道自己什么时候最快乐的人，就不可能拥有适合自己的"最强放松时间"。因为无论做什么，他都不会感到快乐。

不了解自己快乐瞬间的人，是因为没有竖起接收快乐的天线。

每天都感受不到快乐时光的人，应该每天观察自己内心的动向。

其实只要您细心观察，一定能发现自己"跃跃欲试"或"感到快乐"的瞬间。而且，一定不要放过这样的瞬间。这样就能找到自己做什么才能从心里感到快乐的瞬间。我把这叫作"竖起接收快乐的天线"。

接收快乐的天线随时竖起来的人，会主动踏入快乐的地方，和快乐的人接触，快乐的机会自然也会向他靠拢。

不了解自己快乐瞬间的人，当真有快乐的机会来找他时，没准他也会将其拒之门外，或者根本就接收不到。

而了解自己快乐瞬间的人，只要再花些自由时间在寻找快乐上，他的快乐时间就会无限增殖。所以他们每天都过得快乐无比。

不了解自己快乐瞬间的人，只能等待那些偶发的快乐瞬间找上门来。可这种瞬间也许一周只来一次，甚至一个月只来一次。反过来说，他们人生的大部分时间都被不快乐的事情覆盖。

人生，就是为了寻找快乐！

所以，您也应该随时竖起接收快乐的天线。您会发现，在平凡的日常生活中，一定不缺少快乐的瞬间。在遇到这种瞬间的时候，就好好享受它。而且，事后在忘记它之前，还要及时把它记录下来。

每天晚上睡前 15 分钟我有一个习惯——把今天最快乐的事情记

录下来发布在 Facebook 上。带着快乐的回忆入睡，也会为明天寻找
快乐而竖起天线。

●制作一张玩乐的 TO DO 清单 ●

了解自己快乐瞬间的人，应该想办法去增加自己的快乐时光。把
自由时间投入到寻找快乐中去，人的快乐时间就会不断增殖。这样一
来，人生必定是幸福的。

为此，我们还有一项工作可以做，那就是制作玩乐的 TO DO
清单。

制作工作 TO DO 清单的人很多，但制作玩乐 TO DO 清单的人却
没几个。

为自己制作一张玩乐的 TO DO 清单，您的空闲时间就会过得更
有意义、更快乐、更难忘。

很多人即使获得了自由时间、空闲时间，也不知道该怎么过。结
果，在慵懒和茫然中，时间匆匆而过，不会在记忆中留下任何痕迹，
不会给人带来任何有价值的东西。

但有了玩乐的 TO DO 清单就不同了。只要一有自由时间，就可
以立刻按照清单把"最想玩"的事情付诸行动。自由时间就会过得很
有意思，也不用浪费时间去思考该玩什么、怎么玩。

　　前面也讲过，我最快乐的时光是看电影。

　　每个月我都会制作一张本月观影清单。把这个月想看的电影以及上映时间都清清楚楚地写在清单里。没有清单的时候，我经常会因为忘记、懒惰而错过想看的电影，但有了清单之后，喜欢的电影就再也没有遗落过。

　　偶尔，我会在下午 5 点提前完成工作。这突如其来的自由时间算是我给自己的意外惊喜。这个时候我都会拿出观影清单，查看自己想看的电影，然后直奔电影院。

　　但如果没有观影清单，完成工作后我多半会百无聊赖地回家，然后窝在家里把来之不易的自由时间白白浪费了。

　　另外，我还喜欢到处寻找美食，所以我会按照地区制作美食清单。其中记录了六本木、涩谷、神保町等各个地区我想去的餐厅、酒馆、寿司店、咖喱店等。

　　有的时候客户会约我去神保町商谈合作事宜。一听到神保町，我就会非常兴奋，因为在我的美食清单里，神保町有一家我非常想去的咖喱店。心想："商谈结束后，我一定要去那家餐厅吃咖喱饭！"

　　一有时间，我还会花心思去寻找、发现新的美食餐厅。一听说有新的餐馆开张，我就跃跃欲试地想去品尝。把它记录到我的美食清单里，虽然还没去，但已经让我心中充满了期待，要知道，期待是一件很快乐的事。

　　制作玩乐 TO DO 清单，可以让您的自由时间、空闲时间，变成最快乐的放松时间。

　　每天都过得无比快乐，人生自然快乐无比！

●享受"放松"时间●

　　自由时间的利用方法除了前面列举的被动性娱乐、主动性娱乐，还可以用交流沟通、欣赏音乐、发呆等方式来度过。这些方法基本上不需要专注力，所以会让我们特别放松。

　　夫妻俩聊聊天、陪孩子玩一会儿、和朋友恋人共进晚餐、爱抚宠物等；窝在沙发里听轻松的音乐；躺在浴缸里发呆，或回想一下白天经历的事情。

　　这样的过法我称为"放松系娱乐"。简单地说就是"松弛时间"。松弛时间很重要。**白天紧张，夜晚松弛，一张一弛的生活节奏，对身心健康最好**。

　　放松系娱乐，可以让专注力归零。前面我讲的白天的工作术，都是尽可能地提高专注力，但是到了晚上如果不能放松，不能让专注力归零的话，第二天便没法集中注意力，工作效率势必低下。

　　关于放松系娱乐，我在讲"睡前2个小时的过法"时详细介绍过了。在睡前的2个小时中，最好加入一些让专注力归零的方法。

主动性娱乐确实很好，但如果工作以外的时间全都用于主动性娱乐的话，就没办法享受放松系娱乐，也就没办法将专注力归零。所以，晚上的时间，应该把主动性娱乐和放松系娱乐结合起来，让紧张和松弛达到平衡，才能在第二天把大脑机能发挥到极致！

后记

● 一个神经科医生为什么要写时间管理术的书 ●

这本书我构思了 10 年，创作也花了 2 年时间。

经过 10 年时间的酝酿，我很重视的时间管理术终于成型。

作为一名神经科医生，我在思考时间管理术的时候，会把焦点放在"如何将大脑的机能最大限度地激发出来"上。随后，我以脑科学的最新研究成果为基础，将我的"神之时间管理术"加以体系化。

书中介绍的都是我每天身体力行的时间使用方法，也正是我的生活方式。

作为一名神经科医生，我心中一直肩负着一个使命——减少日本的自杀率和抑郁症患病率。

有些朋友可能会怀疑："这么大的目标，你要怎么实现呢？"

其实，从战略上来说，解决这个问题并不难。我认为日本人自杀、过劳死、患抑郁症主要源自不健康的工作方式。日本人的劳动生产率低、工作效率低，而且"以工作为中心"，自己的健康、家庭都成了工作的牺牲品。

也就是说，只要日本人改变工作方式，就可以大幅减少自杀、过劳死、患抑郁症的概率。

为工作而努力是件好事，但单凭恒心和毅力等精神层面的鸡血支撑，不管怎么拼命，也不能提高专注力。这样必定造成工作效率低下，结果不得不延长工作时间来弥补。

我们应该珍惜自己从事兴趣爱好的时间、娱乐的时间、和家人在一起的时间，有意识地放松自己。每天白天努力工作，晚上彻底恢复，一定保证充足的睡眠时间，还要定期运动。只有这样，才能在工作中将大脑的机能发挥到最大值。

只要您把我的"神之时间管理术"应用到实际中，保证您能获得"成功的事业""幸福的家庭""热衷的兴趣爱好""更多的快乐时光"，还有最重要的"健康"。

如果我的"神之时间管理术"在日本推广开来，一定不会再有人因为工作的压力而患上心理疾病，更不会出现过劳死和自杀的情况。那将是一个多么美好、和谐的社会啊！

这正是我一个神经科医生要写这本书的终极理由。

我们应该在珍惜"自己"和"家庭"的大前提下，再去拼命工作。这样才能以更高的效率投入到工作中，也能保证身心健康。如果一个人因为读了这本书而摆脱"忙碌""没时间""不健康"的工作、生活方式，我将会感到万分欣慰！

所以，不管怎样，希望读了这本书的朋友先把我介绍给您的方法应用起来。渐渐地，您就能获得更多的"自由时间"、更加"健康的身心"，以及"最强的大脑"。

创作这本书，我前后一共用了两年时间。这是我以写作为职业以来，创作时间最长的一本书。

最后，要向花了大量时间、精力和专注力的编辑老师——种冈键先生表示由衷的感谢！

桦泽紫苑

2017 年 3 月

MORE

时间管理日志

EFFORTS

	URGENT 紧迫	NOT URGENT 非紧迫
IMPORTANT 重要	重要且紧迫的事	重要但非紧迫的事
NOT IMPORTANT 非重要	非重要但紧迫的事	非重要也不紧迫的事

重要且紧迫的事

重要但非紧迫的事

非重要但紧迫的事

非重要也不紧迫的事

IMPORTANT 重要

NOT IMPORTANT 非重要

URGENT 紧迫	NOT URGENT 非紧迫
重要且紧迫的事	重要但非紧迫的事
非重要但紧迫的事	非重要也不紧迫的事

IMPORTANT 重要

NOT IMPORTANT 非重要

重要且紧迫的事

重要但非紧迫的事

非重要但紧迫的事

非重要也不紧迫的事

IMPORTANT 重要

NOT IMPORTANT 非重要

	URGENT 紧迫	NOT URGENT 非紧迫
IMPORTANT 重要	重要且紧迫的事	重要但非紧迫的事
NOT IMPORTANT 非重要	非重要但紧迫的事	非重要也不紧迫的事

重要且紧迫的事

重要但非紧迫的事

非重要但紧迫的事

非重要也不紧迫的事

	URGENT 紧迫	NOT URGENT 非紧迫
IMPORTANT 重要	重要且紧迫的事	重要但非紧迫的事
NOT IMPORTANT 非重要	非重要但紧迫的事	非重要也不紧迫的事